管理创新与大数据实践

覃　正　李　妍　杨音舟　主编

科学出版社

北　京

内 容 简 介

本书介绍管理创新与大数据实践的有关基本概念、基本方法和实践案例。全书共分两篇：第一篇为管理创新篇，主要介绍管理的决策、组织、领导、控制、创新的基本概念、基本方法和管理实践案例；第二篇为大数据实践篇，主要介绍大数据的基本概念、大数据存储及处理的基本方法和大数据运用在管理创新中的实践案例。

本书可作为大学经济管理类本科生和研究生的教材，也适合从事高等教育的专家、学者及研究人员使用，同时可作为高等院校、培训机构、企业、政府及相关研究和实践部门探索管理创新与大数据实践的创新教材或参考用书。

图书在版编目(CIP)数据

管理创新与大数据实践/覃正，李妍，杨音舟主编. —北京：科学出版社，2024.3
ISBN 978-7-03-074166-0

I. ①管… II. ①覃… ②李… ③杨… III. ① 企业管理–创新管理–研究

IV. ①F273.1

中国版本图书馆 CIP 数据核字（2022）第 235900 号

责任编辑：王京苏／责任校对：姜丽策
责任印制：赵 博／封面设计：有道设计

科学出版社 出版
北京东黄城根北街 16 号
邮政编码：100717
http://www.sciencep.com

保定市中画美凯印刷有限公司印刷
科学出版社发行 各地新华书店经销
*
2024 年 3 月第 一 版 开本：787×1092 1/16
2024 年 11 月第二次印刷 印张：9
字数：214 000
定价：42.00 元
（如有印装质量问题，我社负责调换）

前　言

　　管理创新伴随人类的智慧和社会的进步不断发展，无数鲜活和成功的案例每时每刻创造着辉煌，管理创新与大数据的实践更加令人神往。

　　本书介绍和总结国内外管理学与大数据分析中的基本概念、基本方法和管理案例，立足于吸收管理创新与大数据实践的最新研究成果与实践经验，研究和探索管理创新与大数据实践在经济、社会、企业和政府中发挥的作用。

　　在内容选择上，本书坚持理论介绍和实际案例介绍相结合，借鉴并参考国内外管理创新与大数据实践的成果，尤其是近年来涌现出的基于先进网络平台和大数据分析的管理创新与大数据实践案例。

　　在内容组织上，本书各章既相互关联，又相互独立，各章内容自成体系。书中结构既方便读者进行碎片化学习，又方便读者就某个感兴趣的问题、案例和实践内容深入研究和探讨。各章在逻辑上形成密切联系，保证本书整体内容的开放与创新。

　　党的二十大报告指出："我们要坚持教育优先发展、科技自立自强、人才引领驱动，加快建设教育强国、科技强国、人才强国，坚持为党育人、为国育才，全面提高人才自主培养质量，着力造就拔尖创新人才，聚天下英才而用之。"教材是教学内容的主要载体，是教学的重要依据、培养人才的重要保障。

　　本书在编写过程中参考了诸多国内外文献，这些研究成果对本书的成稿给予了极大帮助；肖汉林和苏丽雅参与了本书案例部分的资料收集和部分撰写工作，在此一并表示衷心感谢。书中难免有不足之处，敬请广大读者批评指正。

本书编者

2024 年 3 月

目　录

第二篇

第一篇

第一篇是管理创新篇，主要介绍管理的决策、组织、领导、控制、创新的基本概念、基本方法和管理实践案例。

第 1 章
决　策

1.1　基　本　概　念

决策是实现管理的一个重要过程，是组织识别问题、解决问题、利用机会并选择合理方案的行为。

决策的基本概念还有如下表达形式。

（1）狭义的决策是一种行为，是在几种行动方案中作出选择。如果只有一个方案，就没有选择的余地，也就无所谓决策。决策要求提供可以相互替代的两个及以上的方案。广义的决策是一个过程，包括在作出最后选择之前必须进行的一切活动。总而言之，决策是指为实现一定的目标，在多个备选方案中选择一个方案的分析判断过程。

（2）决策是指管理者做什么（或试图避免什么），是管理者在两个及以上备选方案中进行选择。

（3）决策是指管理者识别并解决问题以及利用机会的过程。

（4）决策是指为了达到某一特定的目的而从若干可行方案中选择一个满意方案的分析判断过程。

（5）决策是指从备选方案中选择和决定行动措施，是计划的核心。

（6）决策是指为了达到一定的目的，从两个及以上的代替方案中选择一个有效方案（或手段）的合理过程。

1.2　基　本　方　法

1.2.1　环境分析方法

1. 一般环境分析方法——PEST 分析方法

PEST 分析是指从政治（politics，P）环境、经济（economy，E）环境、社会（society，

S）环境、技术（technology，T）环境四个方面来探察、认识影响组织发展的重要因素。对一个特定的组织而言，在特定的时期内进行 PEST 分析，还需要具体地识别各方面的特定内容。

PEST 分析的主要方面及其内容如下。

（1）政治方面：环境保护、社会保障、反不正当竞争法、国家的产业政策。

（2）经济方面：增长率、政府收支、外贸收支及汇率、利率、通货膨胀等。

（3）社会方面：公民的环保意识、消费文化、就业观念等。

（4）技术方面：高新技术、工艺技术和基础研究的突破性进展。

环境因素的层次性分析强调，许多一般环境因素是通过影响具体环境因素来影响企业的。这就要求组织识别所在具体环境对一般环境因素的敏感性。对企业来说，就是分析一般环境中与所在行业密切相关的因素，这实际上是企业在浩瀚的一般外部环境因素中识别出对本行业和本企业有意义的一组因素，从而大大缩小企业分析一般环境的范围。

PEST 分析通常要借助各种经济、社会以及其他相关学科已有的研究成果，但在这些成果的基础上有必要对与组织有关的问题进行进一步研究。由于需要借助许多相关学科的知识，而每个组织的情况又有很大差别，PEST 分析没有通用的和一般性的方法，需要具体问题具体对待。

2. 具体环境分析方法——五种力量模型

具体环境对组织的影响更直接、更频繁，因此是组织分析外部环境的焦点。在这方面，迈克尔·波特提出的五种力量模型是一种有效的分析方法。迈克尔·波特发现，在企业经营环境中，能够经常为企业提供机会或产生威胁的因素主要有五种，分别来自行业竞争者、卖方（供应商）、买方（顾客）、其他行业之中的潜在进入者和替代产品，如图 1-1 所示。

分析潜在进入者，即从进入障碍的角度来进行潜在竞争者分析。进入障碍是指行业外部的企业进入这一领域时必须付出的，而行业内企业无须再付出的一笔损失。显然，进入障碍越大，潜在进入者的威胁越小。除进入障碍之外，行业的吸引力、行业发展的风险和行业内企业的集体报复可能性等都影响着潜在进入者的威胁。

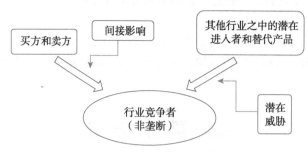

图 1-1　五种力量模型

分析替代产品，即识别替代威胁。替代是指一种产品在满足顾客某一特殊需求或多种需求时取代另一种产品的过程。替代产品的存在扩大了顾客的选择余地。短期看，一种产品的价格和性能都受到替代产品的限定；长期看，一种产品或行业的兴起有可能导致另一种产品或行业的消失。

　　分析买方和卖方议价实力，即评估买方和卖方掌控交易价格的能力。企业与顾客和供应商之间既存在合作，又存在利益冲突。交易双方在交易过程中总希望争得对自己有利的价格，而价格的变化使一方获得超额收益的同时，直接导致另一方的损失。在具体的交易活动中，影响议价实力的因素很多，如交易洽谈的地点、人员素质、日程安排等，但这些都是运作层面的因素。从行业层面看，交易双方的议价实力受到一些行业特征的制约。通过这些特征，人们能够更好地认清企业如何建立与外部环境相适应的关系。

　　分析行业竞争者，即对竞争对手的现状和未来进行分析。同种产品的制造和销售企业通常不止一家，多家企业生产同种产品，必然会采取各种措施争夺用户，从而形成市场竞争。对行业内部要分析主要竞争者的基本情况、对本企业构成威胁的原因，以及竞争者的发展动向。

　　五种力量模型既适用于企业，也适用于其他类型的组织。这一模型能帮助人们深入分析行业竞争压力的来源，使人们更清楚地认识到组织的优势和劣势，以及组织所处行业发展趋势中的机会和威胁。

3. 内外部环境综合分析方法

　　管理要通过组织内部的各种资源和条件来实现。因此，组织在分析外部环境的同时，必须分析其内部环境，即分析组织自身的能力和限制，找出组织所特有的优势和存在的劣势。

　　任何组织的经营过程实际上是不断在其内部环境、外部环境及经营目标三者之间寻求动态平衡的过程。组织的内外部环境绝对不能割裂开来。如果一个企业能力很强，竞争优势十分明显，那么外部环境中的不确定性对该企业不会构成太大的威胁。相反，对于不具备任何经营特色的企业，即使外部环境再有利，也不会有快速的发展。因此，应对比分析外部环境中存在的机会和威胁与组织内部的优势和劣势，以便充分发挥组织的优势，把握外部的机会，避开内部的劣势和外部的威胁。

　　SWOT 分析是最常用的内外部环境综合分析方法，是由哈佛大学的安德鲁斯等提出的一种分析方法。SWOT 分析是优势（strength）、劣势（weakness）、机会（opportunity）、威胁（threat）分析法的简称。这种方法把环境分析结果归纳为优势、劣势、机会、威胁四部分，形成环境分析矩阵。

　　SWOT分析之所以能广泛地应用于各行各业的管理实践中，成为最常用的管理工具之一，原因如下：首先，它把内外部环境有机地结合起来，帮助人们认识和把握内外部环境之间的动态关系，及时地调整组织的经营策略，谋求更好的发展机会；其次，它把错综复杂的内外部环境关系用一个二维平面矩阵反映出来，直观且简单；再次，它促使人们辩证地思考问题，优势、劣势、机会和威胁都是相对的，只有在对比分析中才能识别；最后，它可以形成多种行动方案供人们选择，这些方案是在认真对比分析基础上产生的，可以提高决策的质量。

4. 针对环境变化的分析方法

　　为使组织能够从容面对环境变化可能产生的不同结果，大型国际企业长期以来一直应用并不断完善一种方法——脚本法（情景分析法）。

脚本法的原意是情景分析法。情景分析既可以应用于环境预测，也可以应用于决策方案的形成。在环境分析中，一种或一组情况也可称为一个脚本；在组织各项决策中，一个脚本就是一个决策方案。显然，方案脚本以环境脚本为基础，即先形成环境脚本，再根据环境脚本形成方案脚本。

根据使用过程中编制脚本方法的不同，脚本法可分为定量脚本法和定性脚本法。定量脚本法以计量经济学或其他定量分析方法为基础建立模型，通过选择和调整不同的参数，从而产生不同的脚本。借助计算机进行模拟运算，这种方法可以迅速地产生大量脚本，甚至多达1000多个。分析人员对每个脚本的合理性和发生概率作出评估。在产生脚本的过程中，改变一个变量，其他变量保持不变，产生不同的脚本。定性脚本法通过人的思维、判断，识别重要的环境因素，分析它们之间的关系，克服了定量脚本法中看似精确的复杂方法所固有的机械性。同时，定性脚本法基于人的思考，可以关注和识别因素的范围十分宽广；定量脚本法尽管可以考虑很多因素，但它对数据的苛刻要求限制了因素的选择范围。

脚本法的优点在于，它能够开阔企业管理者的思路，扩展他们的视野，提高他们对环境威胁的警惕，使企业的战略更具灵活性，同时不会妨碍企业把握长期发展机遇的努力。即使有些情况实际上没有发生，预先采取应急措施，培养企业面对不确定性变化的反应能力也是有益无害的。

5. TOWS 矩阵

TOWS 矩阵的应用范围很广，是一种系统分析的概念框架，这种分析有利于把外界的威胁（threat，T）和机会（opportunity，O）及组织内部的劣势（weakness，W）和优势（strength，S）结合起来。

人们常常建议公司了解自己的优势和劣势以及外部环境中的威胁和机会，但是往往忽视了把这些因素结合起来必须要作出清晰的战略选择。为了使这些选择系统化，需要用到 TOWS 矩阵。TOWS 矩阵以威胁开始，这是因为在很多情况下，正是由于看到危机、问题或威胁，公司才重视和制定战略计划。

1）四种选择战略

图 1-2 列出了 TOWS 矩阵的四种选择战略，这些战略基于对外部环境（威胁和机会）和内部环境（劣势和优势）的综合分析。

WT 战略把劣势和威胁降到最低，可以称为极小战略。举例来说，这可能意味着企业需要组建合资企业、收缩甚至清算。

WO 战略力图使劣势降到最低，同时使机会最大化。这样一来，在某些方面存在劣势的企业通过自身解决这些问题，或者从外界获得所需要的能力（如技术或具有所需要的技能的人员），以使企业能充分利用外部环境中的机会。

ST 战略是利用组织的优势去应对外部环境中的威胁，目的是将组织优势最大化，把威胁减到最低限度。这样一来，企业就可以利用技术、财务、管理或营销的优势，来化解竞争对手的新产品所带来的威胁。

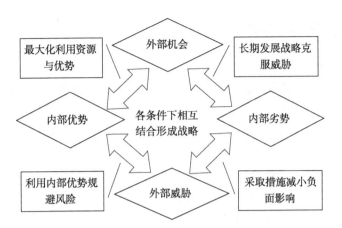

图 1-2　TOWS 矩阵在战略制定中的应用

SO 战略是最理想的局面。管理人员可以扬长避短，抓住外部机会，同时发挥企业内部优势。企业的目的是从 TOWS 矩阵的其他象限移动到 SO 战略象限。如果企业存在劣势，就要努力去克服，将其转化为优势。如果企业面临威胁，就要迎头面对，泰然处之，以便能够将精力集中在机会上。

目前，TOWS 矩阵对相关因素的分析均基于一个具体时间点。但是，企业外部和内部环境是动态的：有些因素随时间变化，其他因素则可能相对稳定。因此，战略设计者必须准备不同时间点的 TOWS 矩阵，从过去的 TOWS 矩阵开始分析，接着分析当前情况，最重要的是关注将来不同时期（T_1、T_2 等）的分析。

2）蓝海战略在 TOWS 矩阵中的应用

在红海的情境下，传统的竞争战略是在现有的市场下打击竞争对手，要强于竞争对手。相比之下，蓝海战略集中于无对抗的市场，在那里提供特色的产品或服务。蓝海战略避开现有市场的竞争，试图创建和开发新的产品或服务，引发新的需求。同时，成功的企业将更多地采用差异化和低成本战略。

拟采用蓝海战略的企业应该考虑四种行动方案。

（1）确定和消除对顾客无关紧要的因素。

（2）如果不能消除对顾客无关紧要的因素，应考虑减少这些因素。

（3）提升或增加独特的因素。

（4）形成顾客需要而竞争对手忽略的、新的或新颖又独特的因素。

传统的红海战略类似于 ST 战略（优势+威胁），企业可以以其优势应对竞争带来的威胁。红海战略下的竞争往往非常激烈。相反，蓝海战略可类似于 SO 战略（优势+机会），企业利用其自身优势抓住外部机会；还可类似于 WO 战略（劣势+机会），企业认识到自身的劣势并找到了解决的方法，寻求特别的机会来克服其劣势。弱势企业的士气低落，更能受到激励来寻求竞争对手顾及不到的机会，这恰恰是在采用蓝海战略。

总而言之，采用蓝海战略的企业可以借助 SO 战略和 WO 战略。虽然有时不可避免地会遇到 ST 战略，但是仍建议企业最好在使用 ST 战略之前力图策划蓝海战略，以避免由被迫选择 ST 战略带来的血腥竞争局面。

1.2.2　决策背景研究方法

决策背景的分析步骤如下。

（1）明确决策主题。只有明确了主题，决策背景分析的各项工作才有明确的方向和中心。主题可能涉及整个组织活动，也可能只涉及组织活动的某个方面。

（2）提出假设。在确定主题的基础上，环境研究人员还要利用组织现有的资料，根据自己的经验、知识和判断力，进行初步分析，提出关于组织活动中所遇问题的初步假设：判断组织问题可能是由哪些因素造成的，在众多的可能原因中哪些是最主要的原因。

（3）收集资料。验证假设需要利用能够反映组织内外环境的资料。这些资料可有两个来源：一是组织内外部现存的各种资料，如组织活动的各种记录、组织外部公开出版的报刊文献等；二是充分进行环境研究，进行专门的环境调查。收集资料往往在扫描和监测的过程中进行。

（4）整理资料。环境调查收集的原始资料经过加工整理才有意义，才可能比较正确地反映客观环境的情况。整理资料包括两项工作：首先，审核资料的准确性、真实性，以求去伪存真、去粗取精；然后，利用经过整理的资料，分析影响组织活动的各种因素之间的关系，验证前面提出的有关问题原因的假设是否正确。如果正确，就可利用资料对采取措施后可能收到的效果进行预测。

（5）预测和评估趋势。利用经一定的科学方法和环境调查取得的资料，对环境的发展趋势和组织未来的发展进行预估。首先，利用对有关资料的分析，找出环境变化的趋势；其次，根据这个趋势预测环境在未来可能呈现的状况；最后，根据对假设原因的验证以及对组织活动各种影响因素之间关系的分析，研究采取相应的措施后组织存在的问题能否解决，预测组织未来的活动条件能否得到改善。

1.2.3　活动方向选择方法

1. 经营单位组合分析法

经营单位组合分析法的基本思想如下：大部分企业都有两个及以上的经营单位，每个经营单位都有相互区别的产品-市场片，企业应该为每个经营单位确定其活动方向。经营单位组合分析法主张，在确定每个经营单位的活动方向时，应综合考虑企业经营单位在市场上的相对竞争地位和业务增长率。

相对竞争地位往往体现在企业的市场占有率上，它决定了企业获取现金的能力和速度，较高的市场占有率可以为企业带来较高的销售量和销售利润，从而给企业带来较多的现金流量。

业务增长率对活动方向的选择有两方面的影响：一方面，它影响市场占有率，在稳定的行业中，企业产品销售量的增加往往来自竞争对手市场份额的下降；另一方面，它决定投资机会，业务增长迅速可以使企业迅速收回投资，并取得可观的投资报酬。

根据上述两个标准——相对竞争地位和业务增长率，可把企业的经营单位分为四大类，如图 1-3 所示。企业应根据各类经营单位的特征，选择合适的活动方向。

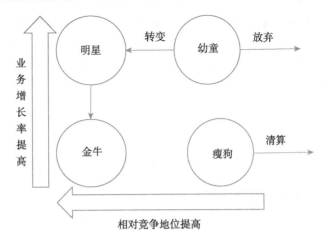

图 1-3 经营单位组合分析法示意图

（1）"金牛"。该经营单位的特征是市场占有率较高，而业务增长率较低。较高的市场占有率为企业带来较多的利润和现金，而较低的业务增长率需要较少的投资。"金牛"经营单位所产生的大量现金可以满足企业的经营需要。

（2）"明星"。该经营单位的市场占有率和业务增长率都较高，因此所需要的和所产生的现金都很多。"明星"经营单位代表着最高利润增长率和最佳投资机会，因此企业应投入必要的资金，扩大其生产规模。

（3）"幼童"。该经营单位的业务增长率较高，而目前的市场占有率较低，这可能是企业刚刚开发的很有前途的领域。由于高增长速度需要大量投资，而较低的市场占有率只能提供少量的现金，企业面临的选择是投入必要的资金，以提高市场份额，提高销售量，使其转变为"明星"经营单位。如果认为刚刚开发的领域不能转变为"明星"经营单位，那么应及时放弃该领域。

（4）"瘦狗"。该经营单位的特征是市场占有率和业务增长率都较低。由于市场份额和销售量都较低，甚至出现负增长，"瘦狗"经营单位只能带来较少的现金和利润，维持生产能力和竞争地位所需的资金甚至可能超过其所带来的现金，从而可能成为资金的陷阱。因此，对于"瘦狗"经营单位，企业应采取收缩或放弃的战略。

经营单位组合分析法的步骤通常如下。

（1）把企业分成不同的经营单位。

（2）计算各个经营单位的市场占有率和业务增长率。

（3）根据其在企业中占有资产的比例来衡量各个经营单位的相对规模。

（4）绘制企业的经营单位组合图。

（5）根据每个经营单位在图中的位置，确定应选择的活动方向。

经营单位组合分析法以"企业的目标是追求增长和利润"这一假设为前提。对拥有多个经营单位的企业来说，它可以将获利能力较强而潜在增长率不高的经营单位所产生的利润投向那些潜在增长率较高且获利能力较强的经营单位，从而使资金在企业内部得到有效利用。

2. 政策指导矩阵

政策指导矩阵即用矩阵来指导决策。具体来说，从市场前景和竞争能力两个角度来分析企业各个经营单位的现状和特征，并把它们标示在矩阵上，据此指导企业活动方向的选择。市场前景取决于赢利能力、市场增长率、市场质量和法规限制等因素，分为吸引力强、中、弱三种；竞争能力取决于经营单位在市场上的地位、生产能力、产品研究和开发等因素，分为强、中、弱三种。根据上述对市场前景和竞争能力的划分，可把企业的经营单位分为九大类，如表 1-1 所示。

表 1-1   政策指导矩阵

	市场前景吸引力弱	市场前景吸引力中	市场前景吸引力强
经营单位的竞争能力强	7	4	1
经营单位的竞争能力中	8	5	2
经营单位的竞争能力弱	9	6	3

处于区域 1 和 4 的经营单位竞争能力较强，市场前景也较好。应优先发展这些经营单位，确保它们获取足够的资源，以维持自身的有利市场地位。

处于区域 2 的经营单位虽然市场前景较好，但企业利用不够——这些经营单位的竞争能力不够强。应分配给这些经营单位更多的资源，以提高其竞争能力。

处于区域 3 的经营单位市场前景虽好，但竞争能力弱。要根据不同的情况来区别对待这些经营单位：基于企业资源的有限性，最有前途的经营单位应得到迅速发展，其余的经营单位则逐步淘汰。

处于区域 5 的经营单位一般在市场上有 2~4 个强有力的竞争对手。应分配给这些经营单位足够的资源，以使它们随着市场的发展而发展。

处于区域 6 和 8 的经营单位市场前景吸引力不强且竞争能力较弱，或虽有一定的竞争能力（企业对这些经营单位进行投资并形成一定的生产能力）但市场前景吸引力较弱。应缓慢放弃这些经营单位，以便把收回的资金投入赢利能力更强的经营单位。

处于区域 7 的经营单位竞争能力较强，但市场前景不容乐观。这些经营单位本身不应得到发展，但可利用它们较强的竞争能力为其他快速发展的经营单位提供资金支持。

处于区域 9 的经营单位市场前景黯淡且竞争能力较弱。应尽快放弃这些经营单位，把资金抽出来并转移到更有利的经营单位。

1.2.4   活动方案生成方法

1. 5W2H 法

5W2H 法涉及何因（why）、何事（what）、何人（who）、何时（when）、何地（where）和如何做（how）、如何评价（how much）。

2. 头脑风暴法

请一定数量的专家对预测对象的未来发展趋势及状况作出判断。通过思维共振，产生组合效应，在较短的时间内取得较明显的成果。

头脑风暴法的四条原则如下：不对别人的建议作任何评论；建议越多越好；想法越新颖、越奇特越好；可以进行必要的完善和补充。

专家的人选和对会议的精心组织至关重要。一般来说，专家小组规模以 10～15 人为宜，会议时间以 40～60 分钟为佳。

3. 德尔菲法

依靠专家背靠背地发表意见，各抒己见，管理小组对专家的意见进行统计处理和信息反馈，经过几轮循环，使分散的意见逐步统一，最后达到较高的预测精度。

德尔菲法的不足之处是时间较长，费用较高。

4. 强迫联系法

将无关的观点和目标之间建立关系是强迫联系法的基础。一个目标是固定的，其他目标则可完全随机地或从名单上进行选择，参与者要找出尽可能多的方法将固定目标和随机选择的目标联系起来。联系的强迫性会导致许多新的方法产生。

5. 名义小组技术

在集体决策中，若对问题的性质不完全了解且意见分歧严重，则可采用名义小组技术。在这种技术下，小组的成员互不沟通，也不在一起讨论、协商，因此小组只是名义上的。这种名义上的小组可以有效地激发个人的创造力和想象力。

在采用名义小组技术时，首先，管理者召集一些有知识的人，把要解决的问题的关键内容告诉他们，并请他们独立思考，要求每个人尽可能地把自己的备选方案和意见写下来；其次，让他们按次序陈述自己的方案和意见；最后，由小组成员对提出的全部备选方案进行投票，根据投票结果，赞成人数最多的备选方案即为所要的方案，当然，管理者仍有权决定接受还是拒绝这一方案。

1.2.5 活动方案评价方法

1. 定量评价与定性评价方法

定量指标较为具体、直观，通常可用货币金额、产销数量、完成比例、完成阶段等来表示。定量指标有很多优点，例如，可以制定明确的评价标准，衡量实际绩效时也可以计算该指标的实际值，而且通过量化的表述，评价结果给人以直接、清晰的印象。

然而，不是所有反映方案水平的因素都能够量化，因此需要为这些因素设计定性指标予以反映。评价指标的选择要遵循定量指标与定性指标相结合的原则。

2. 财务评价与非财务评价方法

传统的财务评价多注重可用货币单位计量的财务指标。但在很多情况下，非财务指标越来越重要。例如，在评价企业运营方案时，产品质量、技术进步、生产效率、市场占有率等指标对最终的选择是否全面、准确也非常关键。

3. 动态评价与静态评价方法

决策评价体系在指标的内涵、指标的数量、体系的构成等方面均应有相对的稳定性。随着企业经营环境的变化，决策评价体系也应作相应的变更。因此，决策评价体系还具有明显的动态性特征。

4. 边际分析方法

在评估各种备选方案时，可以用边际分析（marginal analysis）方法来比较由增加产量导致的边际收入和边际成本的变化。正如基础经济学所讲述的，在企业目标确定为利润最大化的前提下，当边际收入等于边际成本时，这个目标是可以实现的。也就是说，如果增加产量带来的边际收入大于边际成本，那么生产得越多，利润也就越大。然而，在增加产量带来的边际成本大于边际收入的情况下，减少产量可能获取较大的利润。

5. 成本-效益分析方法

成本-效益分析方法是传统的边际分析方法的改良或者变种。成本-效益分析方法寻求成本和效益的最佳比值，即找出实现目标的最小代价的方法，或在既定的费用基础上获得最大的价值。

1.2.6 活动方案选择方法

1. 决策树法

决策树法是用树状图来描述各种方案在不同情况（或自然状态）下的收益，据此计算每种方案的期望收益，从而作出决策的方法。

树状图中的矩形节点称为决策点，从决策点引出的若干条树枝表示若干种方案，称为方案枝；圆形节点称为状态点，从状态点引出的若干条树枝表示若干种自然状态，称为状态枝。树状图中有两种自然状态：销路好和销路差，自然状态后面的数字表示该种自然状态出现的概率。位于状态枝末端的是各种方案在不同自然状态下的收益或损失。据此可以算出各种方案的期望收益。

2. 线性规划

线性规划是在一些线性等式或不等式的约束条件下，求解线性目标函数的最大值或最小值的方法。运用线性规划建立数学模型的步骤如下。

（1）确定影响目标大小的变量，列出目标函数方程。

（2）找出实现目标的约束条件。

（3）找出使目标函数达到最优的可行解，即为该线性规划的最优解。

3. 量本利分析法

量本利分析法又称为保本分析法或盈亏平衡分析法，是通过考察产量（或销售量）中成本和利润的关系以及盈亏变化的规律来为决策提供依据的方法。

应用量本利分析法的关键是找出企业不盈不亏时的产量（称为保本产量或盈亏平衡产量，此时，企业的总收入等于总成本）。找出保本产量的方法有图解法和代数法两种。

1）图解法

图解法是用图形来考察产量、成本和利润的关系的方法，如图 1-4 所示。在应用图解法时，通常假设产品价格和单位变动成本都不随产量的变化而变化，因此总收入曲线、总变动成本曲线和总成本曲线都是直线。

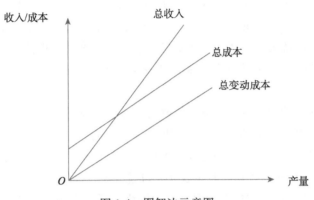

图 1-4　图解法示意图

总成本不过原点的原因是有固定成本；存在一段区域，
当总成本边际效应小于总收入时，可适当增加产量

2）代数法

代数法是用代数式来表示产量、成本和利润的关系的方法。

假设 p 代表单位产品价格，Q 代表产量或销售量，F 代表总固定成本，v 代表单位变动成本，π 代表总利润，c 代表单位产品贡献（$c=p-v$）。

（1）求保本产量。

当企业不盈不亏时，$pQ=F+vQ$。

因此，保本产量 $Q=F/(p-v)=F/c$。

（2）求保目标利润的产量。

设目标利润为 π，则 $pQ=F+vQ+\pi$。

因此，保目标利润 π 的产量 $Q=(F+\pi)/(p-v)=(F+\pi)/c$。

（3）求利润。

$$\pi=pQ-F-vQ$$

（4）求安全边际和安全边际率。

安全边际=方案带来的产量−保本产量

安全边际率=安全边际/方案带来的产量

4. 机会评价框架方法

机会评价框架方法的评价对象是具有创新性的机会，主要从八个方面评价创业机会的价值潜力。

（1）行业市场：①市场容易识别，可以带来持续收入；②顾客可以接受产品或服务，愿意为此付费；③产品的附加价值高；④产品对市场的影响力大；⑤将要开发的产品生命长久；⑥项目所在行业是新兴行业，竞争不激烈；⑦市场规模大，销售潜力达到 1000 万 ~ 10 亿美元；⑧市场成长率为 30% ~ 50%，甚至更高；⑨现有厂商的生产能力几乎饱和；⑩在 5 年内能占据市场的领导地位，市场占有率超过 20%；⑪拥有低成本的供货商，具有成本优势。

（2）经济因素：①达到盈亏平衡点所需要的时间为 1.5 ~ 2 年；②盈亏平衡点不会逐渐提高；③投资回报率（return on investment，ROI）为 25% 以上；④项目对资金的要求不是很高，能够获得融资；⑤销售额的年增长率高于 15%；⑥有良好的现金流量，能占到销售额的 20% ~ 30%；⑦能获得持久的毛利，毛利率要超过 40%；⑧能获得持久的税后利润，税后利润率要超过 10%；⑨资产集中程度低；⑩运营资金不多，需求量是逐渐增加的；⑪研究开发工作对资金的要求不高。

（3）收获条件：①项目带来的附加价值具有较大的战略意义；②存在现有的或可预料的退出方式；③资本市场环境有利，可以实现资本的流动。

（4）竞争优势：①固定成本和可变成本低；②对成本、价格和销售的控制能力较强；③已经获得或可以获得对专利所有权的保护；④竞争对手尚未觉醒，竞争能力较弱；⑤拥有专利或具有某种独占性；⑥拥有发展良好的网络关系，容易获得合同；⑦拥有杰出的关键人员和管理团队。

（5）管理团队：①创业者团队是一个优秀管理者的组合；②行业和技术经验达到本行业的最高水平；③管理团队的正直廉洁程度达到最高水准；④管理团队知道自己缺乏哪方面的知识。

（6）致命缺陷问题：不存在任何致命缺陷问题。

（7）个人标准：①个人目标与创业活动相符合；②创业家可以在有限的风险下实现成功；③创业家能接受薪水减少等损失；④创业家渴望进行创业这种生活方式，而不只是为了赚钱；⑤创业家可以承受适当的风险；⑥创业家在压力下状态依然良好。

（8）理想与现实的战略差异：①理想与现实情况相吻合；②管理团队已经是最好的；③在客户服务管理方面有很好的服务理念；④所创办的事业顺应时代潮流；⑤所采取的技术具有突破性，不存在许多替代品或竞争对手；⑥具备灵活的适应能力，能快速地进行取舍；⑦始终在寻找新的机会；⑧定价与市场领先者几乎持平；⑨能够获得销售渠道，或已经拥有现成的网络；⑩允许失败。

5. 小中取大法

采用小中取大法的管理者对未来持悲观的看法，认为未来会出现最差的自然状态，因此不论采取哪种方案都只能获取该方案的最小收益。采用小中取大法进行决策时，首先计算各方案在不同自然状态下的收益，并找出各方案所带来的最小收益，即在最差自然状态下的收益；然后进行比较，选择在最差自然状态下收益最大或损失最小的方案作为所要的方案。

6. 大中取大法

采用大中取大法的管理者对未来持乐观的看法，认为未来会出现最好的自然状态，因此不论采取哪种方案都能获取该方案的最大收益。采用大中取大法进行决策时，首先计算各方案在不同自然状态下的收益，并找出各方案所带来的最大收益，即在最好自然状态下的收益；然后进行比较，选择在最好自然状态下收益最大的方案作为所要的方案。

7. 最小最大后悔值法

管理者在选择某方案后，如果将来发生的自然状态表明其他方案的收益更大，他会为自己的选择而后悔。最小最大后悔值法就是使后悔值最小的方法。采用这种方法进行决策时，首先计算各方案在各自然状态下的后悔值（某方案在某自然状态下的后悔值=该自然状态下的最大收益–该方案在该自然状态下的收益），并找出各方案的最大后悔值；然后进行比较，选择最大后悔值最小的方案作为所要的方案。

1.2.7　实施决策的计划编制方法

1. 滚动计划法

滚动计划法的基本思想是"近具体、远概略"。

根据在具体计划实施过程中发现的差异和问题，不断分析原因，并结合对内外部环境情况的分析，予以修改和调整。在计划实施过程中，将长期计划逐渐予以具体化，使之成为可实施的计划，进而把长期计划与短期计划甚至与具体的执行计划有机地结合起来。

2. 项目计划技术

工作过程分为三个阶段：①项目的界定，即围绕项目的最终成果界定项目的总体目标，总体目标的界定应考虑可行性、具体化、明确的时间期限等多方面的因素，一般情况下，为使目标更具有指挥协调的作用，还应进一步把总体目标分解为一系列阶段性目标；②行动分解，由于项目是非常规性的例外工作，时间要求紧，有必要对项目进行更加周密的筹划，对项目作进一步的分解，并分析每项行动的时间、所需要的资源和费用预算等，即明确每项行动何时做、由谁来做、如何做以及花费多少等问题；③行动统筹，即分析、识别众多具体行动之间的内在联系，合理地筹划，进而将众多的行动重新整合起来。

3. 计划评审技术

计划评审技术是在网络理论基础上发展起来的计划控制方法，其核心工具是网络图，即用图形显示项目中各项工作之间的关系。计划评审技术的主要内容如下：首先，在某项业务开始之前，制订周密的计划，并依据计划制订一套完整的执行方案；然后，采用方向线、节点、数字等符号把执行方案绘制成网络图，并依据网络图进行控制。借助网络图，每个项目成员都能看到自己对于整个项目的成功所起的关键性作用，不切实际的时间安排能够在项目计划阶段被发现并及时加以调整，所有成员能够将注意力以及资源集中在真正关键的任务上。

4. 甘特图

甘特图（图 1-5）上与每项任务对应的横道表示该任务所需要的时间，横道上不同区块分别表示准备时间、任务完成时间，以及未能完成任务至任务结束时间。这样可以在任何时点上检查任务的实际进展情况。

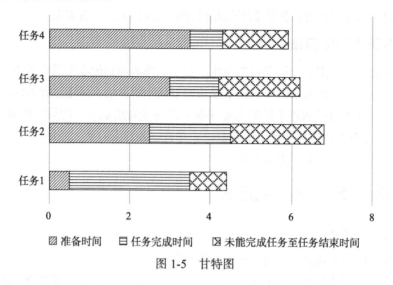

图 1-5　甘特图

5. 投入产出法

投入产出法是利用高等数学的方法对物质生产部门之间或产品之间的数量依存关系进行科学分析，并对再生产进行综合平衡的一种现代的科学方法。它以最终产品为经济活动的目标，从整个经济系统出发，确定达到平衡的条件。它的基本原理如下：任何系统的经济活动都包括投入和产出两大部分，投入是指在生产活动中的消耗，产出是指生产活动的结果。在生产活动中，投入和产出之间具有一定的数量关系，投入产出法就是利用这种数量关系建立投入产出表，根据投入产出表对投入与产出的关系进行科学分析，再用分析的结果来编制计划并进行综合平衡。

如表 1-2 所示，投入产出表共分 4 个象限，横行表示产品的流向。第一象限为左上角部分，其中，x_{ij} 为第 i 个生产部门的产品作为第 j 个生产部门投入的数量；$\sum\limits_{j=1}^{n} x_{ij}$ 为第 i 个生产部门投入到所有生产部门产品的数量；$\sum\limits_{i=1}^{n} x_{ij}$ 为第 j 个生产部门生产所需要的所有资源的数量。第二象限为右上角部分，其中，y_i 为第 i 个生产部门产品中用于积累和消费的数量；x_i 为第 i 个生产部门在一定时期内生产的全部产品的数量。第三象限为左下角部分，其中，v_j 为第 j 个生产部门用于劳动报酬的数量；m_j 为第 j 个生产部门所创造的社会纯收入的数量，第三象限表明了新创造价值的初次分配情况。第四象限为右下角部分，表明了新创造价值的第二次分配情况，由于这部分情况十分复杂，还有待于进一步研究，一般的投入产出表都省略该部分。

投入产出表对于各种规模的经济部门都是适用的。这些部门的产品流向可分为三部分：一是留作本部门使用，作为生产消耗部分；二是提供给其他部门，作为生产消耗部分；三是直接满足社会最终需要部分，包括个人消费、社会消费、储备与出口。

表 1-2　投入产出表

投入		产出									
		中间产品						最终产品			总产品
		电	煤	石油	⋮	钢	合计	消费	积累	合计	
中间投入	电	x_{11}	x_{12}	x_{13}		x_{1n}	$\sum x_{1j}$			y_1	x_1
	煤	x_{21}	x_{22}	x_{23}		x_{2n}	$\sum x_{2j}$			y_2	x_2
	石油	x_{31}	x_{32}	x_{33}		x_{3n}	$\sum x_{3j}$			y_3	x_3
	⋮	⋮	⋮	⋮	I	⋮	⋮		II	⋮	⋮
	钢	x_{n1}	x_{n2}	x_{n3}		x_{nn}	$\sum x_{nj}$			y_n	x_n
	合计	$\sum x_{i1}$	$\sum x_{i2}$	$\sum x_{i3}$		$\sum x_{in}$	$\sum x_{ij}$			$\sum y_j$	$\sum x_i$
新创造价值	劳动报酬	v_1	v_2	v_3	⋮	v_n	$\sum v_j$				
				III					IV		
	社会纯投入	m_1	m_2	m_3	⋮	m_n	$\sum m_j$				
总产值		x_1	x_2	x_3	⋮	x_n	$\sum x_j$		$\sum\limits_{j=1}^{n} x_j = \sum\limits_{i=1}^{n} x_i$		

例如，对于投入产出表中横行第 2 个部门，x_{22} 为自己产品，留作本部门使用；$x_{21}, x_{23}, \cdots, x_{2n}$ 提供给其他部门，作为生产消耗部分；y_2 为第 2 个部门生产的直接满足社会最终需要部分。因此，第 2 个部门生产的全部产品（总产品）x_2 就是这三部分之和。

又如，对于投入产出表中纵列第 2 个部门，x_{22} 为本部门提供的产品投入；$x_{12}, x_{32}, \cdots, x_{n2}$ 为其他部门的产品作为本部门的投入。这些投入是本部门生产必需的，也是物质方面的全部投入。

第三象限中，v_2 为给人的劳动报酬。以上都可视为成本。m_2 就是剩下的社会纯收入。

把第 2 列全部加起来就构成第 2 个部门的总产值。总产品中的 x_2 和总产值中的 x_2 是相等的。因此，

$$\sum_{j=1}^{n} x_j = \sum_{i=1}^{n} x_i$$

即社会总产值等于社会总产品。投入产出法就是利用这种投入与产出的关系进行计划的。

对投入产出表进行分析，可以确定整个国民经济或部门、企业经济发展中的各种比例关系，并且能够为制定合理的价格服务。此外，这种分析可以预测某项政策实施后所产生的效果；能够从整个系统的角度编制长期或中期计划，易于实现综合平衡，还可以计算某个在建项目对整个系统的影响。总之，投入产出法是一种实用的、科学的计划方法。

6. 计量经济学方法

计量经济学方法是运用现代数学和各种统计的方法来描述和分析各种经济关系。这种方

法对于管理者调节经济活动、加强市场预测、合理地安排生产计划、改善经营管理等都具有很高的实用价值。严格地说，计量经济学方法就是把经济学中关于各种经济关系的学说作为假设，运用数理统计的方法，根据实际统计资料，对经济关系进行计量，然后把计量的结果和实际情况进行对照。

用计量经济学方法解决实际问题的步骤如下。

（1）因素分析。按照问题的实际情况分析影响它的因素种类、因素之间的相互关系以及各因素对问题的影响程度。

（2）建立模型。根据分析的结果，把影响问题的主要因素列为自变量，把影响问题的所有次要因素都用一个随机误差项表示，把问题本身作为因变量，然后建立含有一些未知参数的数学模型。

（3）参数估计。由于模型有许多参数需要确定，这就要采用计量经济学方法，利用统计资料加以确定。参数估算出来之后就要计算相关系数，以检查自变量对因变量的影响程度。此外，还要对参数进行理论检验和统计检验，如果这两项结果不好，就要分析原因，修改模型，重新进行步骤（3），直至模型令人满意。

（4）实际应用。计量经济模型主要有三种用途：①经济预测，即预测因变量在将来的数值；②评价方案，即对计划工作或决策工作中的各种方案进行评价，以选择出最优方案；③结构分析，即用模型对经济系统进行更深入的分析，深化认识。计量经济模型的这三种用途都可以应用于计划工作，它能够使计划更加完善、更加科学。

1.2.8 推进计划的方法

1. 目标管理

1）目标管理的含义

目标管理是一种鼓励组织成员积极参加工作目标的制定，并在工作中实行自我控制、自觉完成工作任务的管理方法或管理制度。该理论假设所有下属能够积极参加目标的制定，在实施中能够进行自我控制。

2）目标管理的特点

（1）实行参与管理。在目标制定与分解过程中，各级组织、部门动员其下属积极参加目标制定和分解，充分发表各自的见解，积极讨论组织目标及个人目标。这一过程是上下级充分沟通的过程，而不是下属被动服从命令、指示的过程。组织成员通过参与这一活动，可以加深对环境、目标的全面、深刻认识，有利于协调组织目标与个人目标之间的关系。

（2）重视工作成果而不是工作行为本身。目标管理与其他管理方法的根本区别在于，它并不要求或强制规定下属如何做，而是以目标为标准考核其工作成果，评价下属的工作成绩。下属可以在保持既定目标的情况下，选择适合自己的方式、方法实现目标，从而激发了下属的主观能动性和创造性。当然，由于对下属的行动方式不作统一的要求，管理者不必把自己的精力放在监督下属的行为细节上，可以避免管理者与下属在完成目标的方法细节上产生不必要的争执。

（3）强调组织成员的自我控制。目标管理以下属的自我管理为中心。下属可以根据明确的目标、责任和奖罚标准，自我评价工作的标准及进度，根据具体情况，自我安排工作进度计划，采取应急措施和改进工作效率。管理者的监督工作量减少，但并不影响工作目标实现过程中的控制，下属可以进行自我控制。

（4）建立系统的目标体系。目标管理通过发动下属自下而上同时各层领导者又自上而下地制定各岗位、各部门的目标，将组织的最高层目标与基层目标、个人目标联系起来，形成整体目标与局部目标、组织目标与个人目标的系统整合。这使得组织目标在内部层层展开，最终形成相互联系的目标体系。

3）目标管理的过程

第一阶段是目标制定与展开。这一阶段的中心任务是上下协调，制定各级组织的目标。具体工作包括三项。

（1）调查研究。制定组织目标要研究组织外部影响因素和内部影响因素。通过对外部影响因素的调研，了解组织在计划期内环境因素变化的可能性，把握关键因素以及这些关键因素对组织所产生的可能影响。通过对内部影响因素的调研，主要掌握组织过去的业绩、发展速度、发展中存在的问题和优势、劣势。在综合内外部影响因素分析的基础上，以组织使命为指导，确定组织的整体目标。在确定组织的整体目标过程中，依然需要与基层组织、员工进行沟通，集思广益，使组织目标的确定比较切合实际，符合组织的根本利益和要求，为总体目标的进一步展开奠定基础。

（2）目标展开。目标展开即把组织的总目标逐级分解并落实到每个部门、岗位、个人。上一级组织的目标实施措施往往构成下一级组织的目标，层层展开。

（3）定责授权。依据目标的大小、难易程度，确定相应权限以便授权执行，保证目标的完成。同样，根据目标的主要特点，预先确定奖惩标准，明确职责和奖罚条件，便于执行。

第二阶段是目标实施。各自围绕自己的目标，因地制宜、因时制宜地采取措施，以保证目标顺利实现。在这一阶段应做好以下工作。

（1）咨询指导。由于上级对如何实现目标不作硬性规定，管理者不必对照规则去监督下属行为。但是，这并不等于管理者可以撒手不管，只等结果。管理者应当积极帮助下属，在人力、物力、财力、技术、信息等方面给予支持，尽可能指导下属提高工作效率。特别是对于缺乏工作经验的下属，更应当给予支持、指导。当然，这种咨询指导要征得下属的同意，不能强制干涉下属的工作。

（2）跟踪检查。在目标的实施过程中，管理者还应当及时了解工作进度、存在的困难等信息，及时了解整个组织的运行状况，既有利于对下属的咨询指导，也可以依靠组织的力量去解决普遍存在的问题。

（3）协调平衡。在部门之间和岗位之间存在许多协作关系，而在目标的实施过程中可能出现为了完成自己的目标而忽略其他部门、岗位目标的各自为政的现象。这就需要管理者在人力、财力、物力、工作进度等方面进行必要的协调工作，以平衡各部门、岗位的发展，从而有助于整体组织目标的实现。

第三阶段是成果评价。根据目标评价完成的成果，并进行奖惩。主要有以下三项工作。

（1）评价工作。按照事先制定的目标值，对照工作成果进行评价。一般实行自我评价与上级评价相结合的方法，共同认定成绩或目标的完成情况。评价工作是进行奖罚的基础，如果评价不公、不实，就会带来奖惩不公、不实的问题，导致挫伤员工积极性的严重后果。

（2）实施奖惩。依据各部门、各成员的目标完成情况和预先规定的奖惩制度进行相应的奖惩，以激励先进、鞭策后进，有利于下一期目标管理的顺利进行。

（3）总结经验教训。对目标实施过程中存在的问题和经验进行认真总结，分析原因，吸取教训，以利于今后工作的改进。

2. PDCA 循环

1）PDCA 循环的含义

PDCA 分别代表计划（plan）、实施（do）、检查（check）和处理（action）四个基本阶段。

计划是指根据顾客的要求和组织的方针，为提供结果建立必要的目标和行动计划。实施是指实施行动计划，具体运作和实现计划中的内容。检查是指根据方针、目标和产品要求，总结执行计划的结果，分清正误，明确效果，找出问题，对过程和产品进行监视与测量，并报告结果。处理则指新作业程序的实施及标准化，以防止原来的问题再次发生，或者设定新一轮的改进目标。对检查的结果进行处理，肯定成功的经验，并予以标准化，或制定作业指导书，便于以后工作时遵循；总结失败的教训，以免重现。对于没有解决的问题，应交给下一个 PDCA 循环去解决。

2）PDCA 循环的实施步骤

①分析现状，找出存在的问题。具体包括确认问题所在、收集和组织数据、设定目标和测量方法。②分析产生问题的各种原因或影响因素。③找出问题所在。这个过程需要比较并选择主要的、直接的影响因素。④针对问题的主要影响因素制定措施，提出行动计划。这个过程需要首先寻找可能的解决方法，然后进行测试并选择，最后提出行动计划和相应的资源。⑤实施行动计划。按照既定计划执行措施、协调和跟进，并且注意收集数据。⑥评估结果。在分析数据的基础上，评判结果同目标是否相符、每项措施的有效性如何、哪里还存在差距、可以从中学到什么等问题，从而确认措施的标准化和新的操作标准。⑦标准化和进一步推广。既要采取措施以保证长期的有效性，将新规则文件化，设定程序和衡量方法，进而能够分享成果，交流好的经验，也要总结可以重复运用的解决方法。⑧提出这一 PDCA 循环尚未解决的问题，把它们转到下一个 PDCA 循环。

3. 预算管理

零基预算法是典型预算管理方法之一。它的基本思想是在每个预算年度开始时，把所有还在继续开展的活动都看作从零开始，预算也就以零为基础，由预算人员在从头开始的思想指导下，重新安排各项活动及各个部门的资源分配和收支。

与传统预算管理方法相比较，零基预算法的优点是预算比较科学，有利于资金分配和控制支出；缺点是预算编制的工作量大，费用高。零基预算法的本质是一种控制思想。

1.2.9　决策追踪与调整的方法

1. 基于组织决策的追踪与调整方法

1）鱼刺图

鱼刺图是一种发现问题根本原因的分析方法，其特点是简洁实用、深入直观，如图 1-6 所示。

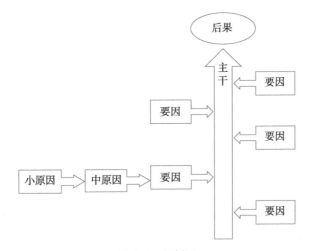

图 1-6　鱼刺图

问题或缺陷（即后果）标在鱼头外。在鱼骨上长出鱼刺，上面按出现机会多寡列出产生问题的可能原因，有助于说明各个原因之间是如何相互影响的。在使用过程中，关键问题的特性总是受到一些因素的影响，需要通过头脑风暴法找出这些因素，并将它们与特性值按相互关联性进行整理，待层次分明、条理清楚后，标出重要因素。这种透过现象看本质的分析方法可以广泛应用在决策流程中。

2）雷达图

雷达图主要应用于企业经营状况如收益性、生产性、流动性、安全性和成长性的评价，如图 1-7 所示。

3）趋势图

趋势图采用统计图形来呈现某事物或某信息数据的发展趋势。它用来显示一定的时间间隔内所得到的测量结果。以测得的数据为纵轴、以时间为横轴绘成图形。

趋势图的主要用处是确定各种类型问题是否存在重要的时间模式，这样就可以调查其中的原因，从而找到决策追踪与调整的方向。

2. 基于个体决策的追踪与调整方法

1）鼠标实验室

鼠标实验室是一种追踪被试者信息获取过程的研究系统。随着计算机的普及，基于鼠

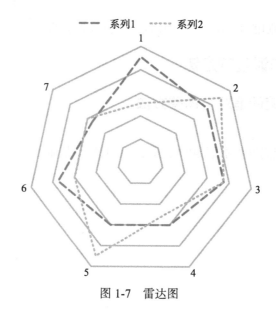

图 1-7　雷达图

标所处位置代表大脑当前处理内容的假设，一种可以在计算机上通过鼠标移动研究信息获取问题的系统——鼠标实验室应运而生。

2）眼动技术

眼动技术的理论基础是眼脑假设，即眼睛正在获取的信息和大脑正在加工的信息是一致的。即使人们在转移注意力时眼睛的注视点不一定发生变化，但在处理复杂信息时，注视点的变化和注意力的转移是耦合的。因此，眼动数据可以为决策追踪与调整提供稳定可靠的信息获取方面的数据。

3）决策移窗技术

研究者首先在屏幕上以遮盖方式呈现 M 个备选选项在 N 个特质维度上的信息。当被试者决定获取某条信息时，只需持续注视对应的单元。当眼动仪捕捉到注视点时，系统程序将自动撤掉该单元上的遮蔽，呈现单元内信息。当被试者不再注视该单元时，信息被重新遮蔽。在实验过程中，眼动仪持续记录被试者的眼动编号，包括注视点、眼跳、注视轨迹、瞳孔大小等。每个单元及选项和特质标签均可以作为兴趣区。

1.2.10　鼓励职工参与决策的方法

1. 民主讨论

采用民主讨论决定问题的方法就是让所有下属参加并将全部的决策权交给集体，而主管完全遵照集体的决定。

但使用民主讨论决定问题的方法时应当注意以下问题：①主管的身份发生了变化，他已不是决策的制定者，仅是决策讨论的领导者，他可以通过提供资料来影响集体，但不能代替集体决策；②讨论的内容最好是有关共同利益的事；③主持者要善于引导，使讨论针对要解决的问题，而不作不切要点的辩论，避免追求个人目标而非组织目标；④主要应用在高层次决策中。

2. 听取意见

听取意见又称咨询管理，是指领导者对与职工有关的问题，在作决策之前先征求职工的意见。这种方式的优点是领导者可以自由地与职工沟通意见，不受会议程序的限制，无拘无束、亲切、灵活，增进彼此感情，可避免职工之间因不同意见而产生的冲突与矛盾；领导者仍保留了最后的决策权，并不削弱领导者的正式权责与地位。但采用这种方式的领导者必须具有尊重职工意见的诚意与胸怀，承认集体意见高于个人智慧。如果领导者总是只听不取，职工就不愿再说了。

3. 合理化建议

合理化建议的目的是鼓励职工提供建议以改善工作。当职工提供的建议被采纳时，组织按规定给予各种物质和精神上的奖赏。

但也有人认为这种方法要小心应用，才能收到成效，其原因如下：①建议均见诸文字，缺乏面对面的语言沟通，因此无法激起所有职工提供建议的兴趣；②职工在提建议时往往只顾自己的利益，而忽略了组织利益，从而使其成效大为降低；③职工对有关生产程序和工作方法的改变多抱有沉默态度，不愿积极地提供善意的建议，因为对工作有好处的事，不一定对自己就有好处；④领导者对提供意见的职工常表示不满，认为职工意见过多，无异于对他工作能力和效率的批评。

4. 越级参与

越级参与是一种低层主管联合参与实现管理的方法，其具体办法如下：低层主管开会研究企业的问题并提出可行的建议。企业除了提供资料，对其不加限制。但所有建议必须获得与会人员一致的同意。建议的责任应共同分担，建议必须得到上级批准方能执行。越级参与除提供建议外，还可培养高级管理人才。

5. 职工代表大会

职工代表大会是我国企业实行民主管理的基本形式，是职工参与企业决策和管理并对干部实行监督的权力机构。它对企业的生产经营、计划、财务预决算有审议权；对企业内部分配、职工的奖惩办法、重要的规章制度以及与职工切身利益有关的问题有决定权；对干部有监督、建议任命、奖励、处分或者选举与罢免权；对上级机关的指示决定若有不同意见，有建议权。

1.3　管理实践案例

1.3.1　案例 1

经过数十年的发展，某公司已成为一家集智能家居、机器人与自动化、数字化创新等五大业务板块于一体的全球化科技集团，是行业中的龙头企业之一，在全球拥有多个研发中心和生产基地，用户遍布全球 200 多个国家和地区。

然而，在 2010 年前后，由于发展过快和长期粗放式的经营模式，该公司的营业收入和利润率不断下滑，经营现金流连续两年为负，产品的核心竞争力不足，售价和收益甚至被排名在其之下的品牌打败。面对这样的局面，该公司董事长以壮士断臂的勇气决定，要全面推动公司进行战略转型，向以质量为主的经营模式发展，向精益管理转型。

该公司充分认识到依靠短期政策的刺激效应或者销售端的过度激励无法真正维持公司的可持续发展，产品才是其立足之本，因此，针对当时产品处于低水平竞争的问题，公司对各类产品进行评估，果断舍弃低端的、利润低的品类，将精力集中在发展家电产品上，砍掉多条与家电无关的生产线。同时在全国范围内关闭、变卖 10 多个工业园区，将获得的几乎所有的资金都投入研发创新中，在国内外大量聘请科学家和工程师，购买先进的设备和软件，加强基础技术和前沿技术研究，加大自动化和信息化投资，在世界各地陆续设立多个研发中心。

在这个战略决策实施初期，该公司的营业额剧降 1/3，市场份额骤减，且不被外界所理解，外界质疑董事长的战略方向。但在坚持了 3 年后，该公司的财务数据有力证明了改革的重要性和决策的正确性，不仅营业收入重新回到改革前的水平，而且利润率大幅提高，净利润首次超过 100 亿元，每年净利润的同比增速甚至超过 20%。2017 ~ 2022 年，该公司仅在家电领域申请的专利累计超过 3 万件，在全球家电行业中排名前列，建立了较强的竞争壁垒、技术壁垒，也为该公司之后向多业务、全球化的科技集团发展奠定了坚实的基础。

思考题

1. 什么是决策？请简述你的理解。
2. 该公司运用了哪些方法实施其战略转型？

1.3.2 案例 2

1968 年，A 公司创始人带着 23 位佛山市顺德区北滘居民，筹集 5000 元开始创业，隶属街道办，生产塑料瓶盖、玻璃瓶盖和皮球等产品。1980 年开始生产电风扇，1985 年开始生产空调，1992 年进行企业转制。2010 年的营业收入突破 1000 亿元。2016 年，A 公司营业收入为 1598 亿元，净利润为 159 亿元，拥有约 13 万名员工，成为首个跻身世界 500 强的中国家电行业品牌。2017 年上半年的营业收入就超过 1200 亿元。

2011 ~ 2017 年，A 公司销售收入增加超过 1 倍，在此背后发生了哪些变化？2011 年 7 月 22 日，A 公司发布《关于加快推动集团战略转型的决定》，推动经营从注重数量向注重质量转型，从低附加值向高附加值转型，从粗放型管理向精益管理转型，实现从规模导向的粗放式增长模式转向以产品提质为核心、以客户为中心、以盈利为导向的内涵式增长模式，正式拉开转型帷幕。

1. 产品领先

A 公司首先着眼于供给侧结构性改革，把原来的 23 000 多个产品品种削减到 2000 多个，在全国关闭 16 个工业园区，退回 7000 多亩土地（1 亩 ≈ 666.7 平方米），把大量资金投入研发中。2014 年，将 400 亩的旧厂房改建成全球创新中心，投入上百亿元用于产品研发。2015 年 1 月 22 日，A 公司的变频节能技术荣获国家科技进步奖。A 公司的技术转型是指技术投入不断"做加法"，包括加强基础技术和前沿技术研究、加大人才投入、加大自动化和信息化投资等，并在全球建立 11 个研发中心。2015 年以来，A 公司申请的专利累计有 3.2 万件，在全球家电企业排名第一。2017 年，在成功并购多家海外企业后，A 公司逐步从中国家电企业向全球化科技集团转变。

2. 效率驱动

A 公司 2011 年税后净利润为 66 亿元，2015 年为 136 亿元，2016 年为 159 亿元，2017 年超过 200 亿元。2015 年，现金流量的净额是净利润的 1.5 倍，与 2011 年相比，人均效益增长 2.2 倍。

制造效率每年提升 15%，员工人数从 2011 年的 19.6 万人减少到 2015 年的 9.3 万人（月平均人数）。效率考核指标中有一个硬指标：劳动生产率的增长速度一定要超过人工成本的增长速度。在现金周期方面，2011 年是 30 天，2015 年是 6 天，2016 年上半年是 0 天。也就是，从拿钱买原材料，到生产出产品，再到卖出产品，收回现金的周期中几乎没有占用另外的资金空间。

效率考核的另一个硬指标是人工成本率，即员工工资、奖金福利的费用占销售收入的比例，2011 年为 11.7%，2015 年降到 6.7%。在制造效率方面，在关闭了十几个生产基地，把很多搬到外地的基地又搬回顺德，退还给政府 7000 多亩土地后，A 公司闲置的厂房面积还有 90 万平方米，效率提升空间还很大。

3. 全球经营

A 公司最初选择原始设备制造（original equipment manufacturing，OEM）方式进入国际市场，后来逐步通过收购、合资和控股等方式开拓海外市场。2011 年，A 公司选择与美国某公司合资，共同开发拉丁美洲市场，迅速使 A 公司成为拉丁美洲市场上最大的家用空调制造商；2012 年，A 公司以 5748 万美元收购埃及某公司 32.5% 的股份，获得该公司的品牌、市场以及渠道优势，快速占有埃及市场主导地位。

2016 年 6 月，A 公司获得日本某电器公司 80.1% 的股权，获得该品牌 40 年的全球授权以及 50 000 多项专利技术。当年营业收入增加 75.24 亿元，净利润增加 0.32 亿元。2016 年上半年，A 公司收购意大利某著名中央空调公司 80% 的股权，进一步提升其在欧洲中央空调市场的占有率，获得了完整的中央空调生产线以及先进的技术管理经验。

2017 年，A 公司继续保持国际化步伐，相继收购多家技术公司，成立合资公司，海外销售占比不断攀升。2016 年，A 公司海外销售占比达到 43.5%，2017 年超过 65%。

资料来源：根据公司官网及相关报道编写。

思考题

1. 2011 年，A 公司为什么要做战略转型？

2. 2011 年以来，A 公司是如何实施其战略转型的？

1.3.3 案例 3

A 公司创立于 2000 年，是国内一流的工业介质整体解决方案提供商。截至 2016 年底，A 公司为全球 3000 多家工业客户在热处理冷却、金属加工及成形、表面处理、清洗防锈等方面提供节能环保的全套解决方案，涉及航空航天、汽车、风力发电、船舶、石油、家电、煤矿机械、钢铁冶金等行业。

A 公司从无到有、从有到优，不断突破发展瓶颈，关键就在于其牵住了企业转型发展的"牛鼻子"——技术创新、模式创新和人才培养三个关键。

技术创新是培育企业核心竞争力的关键。一是建立高层次研发平台。A 公司致力于先进工艺材料的关键技术研究及其应用，在行业内首创企业研究院模式，将基础研究、产品开发、应用技术、实验检测等功能全面整合，组建工业介质研究院。二是积极承接重大科研项目。积极争取主持和参与省部级以上重大课题和产业化项目，锻炼研发队伍，提升研发能力。三是加强产学研合作。与中国科学技术大学、清华大学、南京大学等科研机构建立合作关系，实现研发资源优势互补和共享。

模式创新是企业向高附加值环节攀升的关键。一是构建智能化协同研发系统，创立"项目立项—产品设计和开发—产品应用—产品生产"的产品研发流程，通过在线视频会议系统为企业和客户搭建即时沟通交流平台，提高市场开发和远程协同工作效率。二是创新商业模式。顺应制造业服务化发展趋势，强化后端的物流配送、供应链管理和市场对接等服务要素，从为客户单纯提供产品向提供工业介质产品整体解决方案转变，提升市场竞争力。三是实行定制化生产模式。以客户需求为导向，优化工业工艺，有针对性地提供工业介质产品，推动产品制造向大规模定制化模式转变。

人才培养是企业实现长远健康发展的关键。一是打造高层次人才队伍。A 公司先后建成某省级工程技术中心、国家级博士后科研工作站，"外引内培"打造优秀人才团队。二是实施差异化的人才激励政策。通过提供高端人才引进专项资金、购房免息借款等政策吸引海归及国内高层次人才。关注"外引"，同时注重"内培"。促进不同层级人才的专业技能提升，积极开展技能竞赛，培育高级蓝领工程师。三是营造积极向上与舒适和谐的人才成长环境。用股权激励人、用文化感染人、用感情留住人，企业和人才在成长中合作、在合作中成熟、在成熟中融合，彰显人才价值和团队力量。

资料来源：根据 A 公司资料编写。

思考题

1. 何谓细分市场？何谓隐形冠军？
2. 为什么技术创新、模式创新和人才培养是企业不断发展的三个关键？

第 2 章
组 织

2.1　基　本　概　念

2.1.1　组织

组织是为实现其目标而建立的人与人之间关联关系的表现形式。

组织的基本概念还有如下表达形式。

（1）组织是指为了一个共同目标而走到一起的一群人，为了使每个人都能以适当的方式提供目标活动所需要的贡献，首先需要进行劳动分工，然后需要对他们的分工劳动进行协调。

（2）组织是指安排和设计员工的工作以实现组织目标。

（3）组织是指根据工作的要求与人员的特点设计岗位，通过授权和分工，将合适的人员安排在适当的岗位上，用制度规定成员的职责和相互关系，使整个组织协调地运转。

（4）组织是指设计和维护合理的分工协作关系以有效地实现组织目标的过程。

（5）组织是指建立一个精心策划的、适合企业内部员工配置的角色结构。

（6）组织一方面是指为了实施计划而建立起来的一种结构，该结构在很大程度上决定着计划能否实现；另一方面是指为了实现计划目标所进行的组织过程。

2.1.2　组织文化

组织文化是一个组织通过长期实践所形成的自身共性群体意识。

组织文化的基本概念还有如下表达形式。

（1）组织文化是指一个组织在长期实践活动中形成的具有本组织特征的文化现象，是组织中的全体成员共同接受和共同遵循的价值观念、思维方式、心理预期、行为准则、团队归属感以及工作作风等群体意识的总称。

（2）组织文化是指组织成员行动，将不同组织区分开的共享价值观、原则、传统和行事方式。

（3）组织文化是指组织在长期的实践活动中所形成的并且为组织成员普遍认可和遵循的具有本组织特色的价值观念、团体意识、工作作风、行为规范和思维方式的总和。

（4）组织文化是指处于一定经济社会文化背景中的组织在长期的发展过程中逐步形成和发展起来的日趋稳定的、独特的价值观（文化理念），以及以此为核心而形成的行为规范、道德准则、群体意识、风俗习惯等。组织文化实际上是组织的共同观念系统，是一种存在于组织成员中的共同理解。

（5）组织文化是指组织成员所共有的一般行为方式、共同的信仰及价值观。

（6）组织文化是指企业全体职工在长期的生产经营活动中培育形成并共同遵循的最高目标、价值标准、基本信念和行为规范，它是企业观念形态文化、物质形态文化和制度形态文化的复合体。

2.2 基 本 方 法

2.2.1 组织整合的方法

1. 正式组织与非正式组织的整合

（1）重视非正式组织的作用。非正式组织的作用如下：①满足组织成员的需要；②促进组织内部沟通；③增加组织成员间的默契，增强凝聚力；④有利于组织活动的有序开展。

（2）减少非正式组织的消极影响。减少非正式组织消极影响的途径如下：①提高决策参与性，避免目标冲突；②加强沟通与信息共享，避免小道消息蔓延；③对非正式组织进行正确引导；④鼓励各级管理者参与非正式组织的活动，树立权威；⑤营造有利于整合的组织文化和氛围。

2. 层级整合

层级整合通常采用分权方式，即高级管理者将程序化的决策事项交由下属机构负责人来做，自己则集中精力进行非程序化决策，处理例外事务。职权有以下三种类型。

（1）直线职权。管理者拥有直接领导下属工作的权力，自组织的顶端一直延伸到底部，形成一条线形的指挥链。

（2）参谋职权。组织中的参谋人员拥有某些特定的权力，是对直线职权的一种补充。

（3）职能职权。直线管理者除了听取参谋人员的建议，必要时还可以将部分职权授予其他个人或职能部门，被授权方可以是管理者直接管理的下属，也可以是自己管辖之外的部门。

授权是分权体系中不可缺少的一部分。授权的含义为工作任务安排、权力转移、明确责任。

3. 直线与参谋职权的整合

直线管理者是位于组织纵向层级中特定职位的管理者，拥有直线职权。参谋人员是从专业的角度为特定层级的管理者提供咨询、建议的管理者。

直线与参谋职权的整合方法如下。

（1）慎重对待参谋人员的设置。提高直线管理者的综合能力，适当控制参谋人员的规模；重视参谋人员对工作的适应性；重视参谋人员的来源。参谋人员可能来自组织内部，也可能来自组织外部。

（2）明确职责关系。明确直线管理者与参谋人员各自的职责关系，直线管理者决策、指挥、执行，参谋人员思考、筹划、建议。完善直线管理者与参谋人员的沟通机制。直线管理者要在决策前充分听取参谋人员的建议并对采纳情况、不采纳的理由进行及时反馈。

（3）授予参谋人员必要的职能职权。为了有利于参谋人员发挥作用，克服直线管理者非理性因素的影响，组织可以在必要时授予参谋人员部分职能权力。

2.2.2 领导者的团队建立方法

1. 认识成员

在团队活动正式开始前，领导者非正式地和每个成员见面，交换彼此的背景以及对团队的感受，并且了解成员的动机是否有助于团队目标的完成。

2. 确定团队的目标

领导者表明对团队的期望，并且检查时间表、预算以及各种限制。让每个成员参与预先设定议程的讨论，以明确了解团队的任务与目标。

3. 明确角色

使每个成员都清楚团队对自己的期望。

4. 建立标准

鼓励团队发展共同工作的标准，如会议需全员参与、重视承诺、允许不一致的意见、保守机密等。

5. 描绘计划

发展目标与行动计划，包括任务分派及完成期限等。

6. 鼓励提出问题

意见不一是很自然的事，领导者应该鼓励对现状的质疑，接受不同意见。

7. 维持均衡

有效的团队能在不同风格的成员间达到良好的均衡。均衡并不代表每种风格平均利用，而是指在必要时适当引用每种风格。

8. 分享光荣

每个成员贡献的多寡与团队的成就如何皆由领导者决定。另外，领导者也要负责将喜悦与外界分享。

9. 强调参与

让每个成员参与团队的工作，并且让每个成员得到任务的分派。对于重要的决策，应设法达成共识。

10. 庆祝成就

庆祝每阶段的成就与其他重要的事件。

11. 评估团队的有效程度

领导者应负责推动至少每年一次的自我评估，包括团队的实力、进展情形，任务的时效性、有效性，对工作品质的满足程度，以及必要的改变等。

2.2.3 防止组织老化的方法

1. 定期审议

把组织结构的调整、精简列入议事日程，定期进行。美国、日本的许多企业每年审查和调整一次组织机构，包括职能部门的撤并、事业部的合并和改组。美国的有些企业实行"日落法"，各组织机构像太阳朝起暮落一样，每年年初打报告申诉自己继续存在的理由，由领导层逐个审查，决定其是否继续存在，以及是否进行撤并和改组。

2. 破格行为

为了冲破僵化的组织及其官僚主义作风的阻碍，可以采用一些破格行为，逼迫组织焕发活力。中国常见的"现场办公"把有关部门的负责人召集到现场，分析问题，有议有决，使久拖不决的事情迎刃而解；简化办事程序；突破旧章，弃置已有的烦琐规定，先破后立。

3. 走动管理和越级建议

为了克服组织的老化和官僚化，促使管理者了解下情，美国、日本、欧洲等国家或地区流行走动管理方式，即规定机关管理者不得只靠会议和文件办公，而要深入第一线，走到现场去调查研究，了解真实情况，修改和完善政策，还可以在现场进行面对面的指导。有些著名企业家在全球范围内走动，使跨国公司重新焕发活力。还有一些著名公司实行"开门政策"，鼓励越级建议。总裁办公室的大门永远向全体员工敞开，鼓励员工反映问题、提出建议、参与管理。这些措施都取得了良好的效果。

4. 人员平行流动

一个人久在一个部门工作、久干一件工作，容易造成思想僵化、行为僵化，以及形成非正式群体，不利于组织的变革。实行管理人员、经理人员的平调制度，不仅可以抑制和防止这种情况发生，而且有利于培养多面手和全面管理人才。

5. 灵活用工方式

采用全日制、一周两天、一天两小时等多种用工方式的组合，可以使组织增加弹性，防止组织的老化。日本的百货业目前共有 100 余种用工方式，以适应不同的经营环境。

6. 组建团队组织

根据工作需要，组建一些精干的团队组织，是使组织焕发活力的有效方法。

2.2.4 推行组织变革的方法

1. 按下级参与变革决策的程度分为命令式变革、参与式变革和分权式变革

命令式变革是指由领导作出变革的决策，自上而下地发布命令，说明所要进行变革的内容和下级在贯彻这些变革中的职责；参与式变革是指让下级在不同程度上参与讨论、分析与选择变革的方案，汲取众人的智慧；分权式变革是指将决策权力交给下级，由下级对自己存在的问题进行讨论，自行提出解决问题的方案，并对方案最终负责。

2. 按变革解决问题的深度分为计划式变革和改良式变革

计划式变革是指首先对问题进行系统、广泛的研究，统筹全局，作出规划，然后有计划、有步骤地实施，将变革和政策/工作制度/管理方式的改进、人员的培训同时进行，让员工有充分的思想准备；改良式变革是指对问题进行症结性治疗，小改小革，进行修补，是组织中经常采用的一种变革方式，优点是满足实际需要，局部进行变革阻力较小，比较稳妥，缺点是缺乏整体和长远规划，头痛医头、脚痛医脚，带有随机和权宜的性质。

3. 按变革进行的步调分为突破式变革和渐进式变革

突破式变革是指领导者以最大的决心和魄力对于重大性的变革要求一步到位，定期完成。此种方式虽然使问题有可能在短期内获得解决，但由于时间仓促、考虑不周，或由于人的态度问题、士气低落，从而形成较大的变革阻力。渐进式变革是指利用足够的时间分步骤地推进变革，在不知不觉中达到变革的目的。此种方式自然阻力较小，易于接受，但也很容易使变革旷日持久，成效不大。

一般说来，在重大问题的变革中，下级的态度对变革的推行和成功至关重要，应当把支持和合作扩大到最大限度，把抵制缩小到最小限度。因此，非属紧急情况和确有把握，不要采用突破式变革和命令式变革，由于干部的水平和素质所限，一般在基层也很少采用分权式变革，多采用计划式变革和参与式变革。但这个结论也不是绝对的。

2.2.5 降低组织变革阻力的方法

（1）进行说服宣传，使更多的人正确了解变革的动因和目的及其可能产生的绩效和好处，使人们对变革的意图有正确的了解。

（2）组织相关的人员参与变革方案的设计。当变革的问题重要、复杂、涉及面广，光靠变革推动者没有把握和能力制订变革方案时，一定要吸收相关的部门和人员参与变革计划的设计，以便集思广益，使变革切实可行、有效。

（3）对变革的有利因素和不利因素进行认真分析，权衡利弊，对变革可能出现的新问题事先作妥善的处理，争取绝大多数人对变革的同情和支持。一般情况下，只有得到多数人同情和支持的变革才能取得成功。

（4）充分磋商与协调，当变革的方案可能影响某些部门和群体的利益时，应事先找有关方面进行磋商与协调，尽可能使变革的方案兼顾各方面的利益。不要追求理想变革的方案，现实的变革方案是多数人可以接受的方案。

（5）正确选择变革的方式与策略，避免操之过急，妥善处理变革与稳定的关系，不做不停顿的变革，巩固一项变革成果后，再展开另一项变革。

（6）实施变革时要及时收集可以衡量变革效果的指标信息。衡量变革的效果可用既定的信息指标系统，也可另行设计特定的信息指标。根据收集到的信息，评估和确定整个变革期间变革效果的发展趋势。因为衡量一项变革的效果不能仅从某个时点来考虑，有的变革开始效果甚为明显，但迅速恢复常态，有的变革开始无效果，甚至会出现负效果，稍后则逐步改善。要对实际成果与计划成果进行比较，及时对偏差采取纠正行动。

2.2.6　人力资源管理的系统方法

图 2-1 显示了人员管理职能与整个管理系统的关系。具体来说，企业计划成为组织计划的基础，以确保企业目标的实现。目前的和未来的组织结构决定了所需管理人员的数量和类型。根据管理人才储备情况，可对管理人员的需求与现有人员状况进行比较。在这一分析的基础上，将外部和内部的人力资源用于招聘、选拔、安置、晋升和调离人员的过程中。人员管理的其他主要方面包括评估职业生涯战略以及管理人员的培训和开发。

如图 2-1 所示，人员管理影响领导和控制环节。例如，经过良好培训的管理人员会营造这样一种环境，分属不同班组的人员一起工作，完成企业的目标，同时实现个人的目标。换言之，适当的人员安排将有利于领导工作。同样，选拔合格的管理人员会影响控制工作，例如，可防止许多小的偏差，以免酿成大的问题。

人员管理需要采用一种开放系统方法。人员管理在企业内部进行，但又与外部环境有密切联系。因此，必须考虑人事政策、报酬制度和组织氛围等企业的内部因素。显然，如果没有适当的报酬，就不可能吸引并留住优秀的管理人员。外部环境也不能忽视，高科技工作要求经过很好培训、受过良好教育和技术熟练的管理人员。如果管理人员达不到这些要求，企业的发展速度将受到很大影响。

1. 影响管理人员数量和类型的因素

一个企业需要多少管理人员不仅取决于企业的规模，而且取决于组织结构的复杂程度、扩大规模的计划以及管理人才流动的频繁程度。管理人员数量与员工数量并不存在确定的比

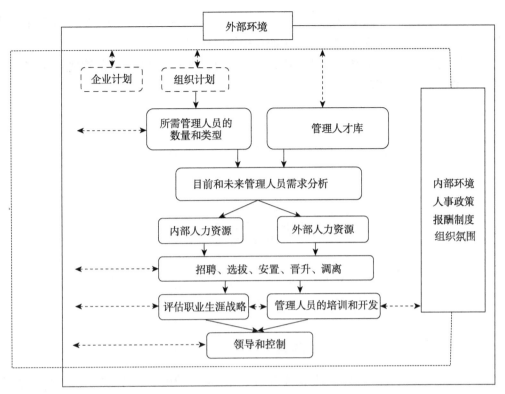

图 2-1　人员管理职能与整个管理系统的关系

例关系，无论企业经营规模有多大，都有可能通过扩大或缩小授权范围改变公司的结构，从而在某种情况下增加或减少管理人员数量。

　　尽管这里强调了有必要确定所需的管理人员数量，但数量仅是整个问题的一个方面，具体来说，必须明确各个职位的任职条件，以便选出最合格的管理人员。

2. 现有管理人员资源的确定：管理人才库

　　企业（也包括大部分非企业性单位）为从事经营活动，通常要储备一些原材料和制成品，然而企业很少储备可用的人力资源，尤其是管理人员，尽管有能力的管理人员对企业的成败至关重要。企业可用管理人才库储备图（也称管理人员更替图）来随时了解管理储备人才的潜力。管理人才库储备图仅是一个单位的组织结构图，表明管理人员的职位以及每个在职人员可能得到提升的路径。

3. 管理人员需求分析：企业外部信息来源和内部信息来源

　　对管理人员的需求是根据企业的发展计划决定的，更具体地说，是对所需管理人员的数量以及对管理人才库的储备情况进行分析后决定的。除此之外，也有内部和外部因素影响着管理人员的供求情况。外部因素包括经济、技术、社会、政治以及法律等因素。例如，经济增长的结果会加大对产品的需要，这样就要求增加劳动力，从而加大对管理人员的需求。与此同时，竞争对手也会进行扩张，从同一支劳动力大军中增聘人员，这便减少管理人员的供给。企业还必须考虑劳动力市场、人口统计、劳动力知识技能和对企业的态度等因素的变化。企业可从不同渠道获得有关劳动力市场长期趋势的信息。

根据管理人员需求和可供性形成了四种供求情况，每种情况所强调的管理人员行动方案都有所不同，如图 2-2 所示。

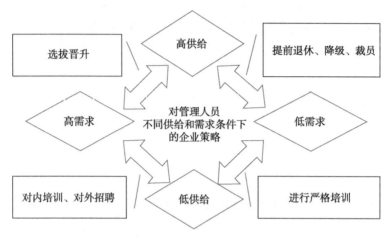

图 2-2　基于企业内部管理人员供求情况的管理人员行动方案

人们不应仅从国家甚至当地市场的角度来审视劳动力的供求情况。事实上，在全球市场上，需求与供应不平衡的情况在加剧。过去，劳动力是生产的固定因素之一，但在一些发展中国家和地区，经济的迅速发展使对合格劳动力和管理人员的需求不断增加，导致劳动力短缺。另外，全球劳动力的教育程度也在随着发展中国家和地区大学毕业生比例的提高而发生变化。

4. 人员系统方法涉及的其他重要方面

管理人员的需求确定之后，可能就要引进一些候选人，即吸引合格人选填补组织职位空缺。在此基础上选出管理人员或潜在管理人员，即从候选人中选出最合适的管理人员，其目的是把人员安置在那些让他们能够发挥长处、能通过积累经验克服其不足之处或培训有待提高技能的职位上。将管理人员安排在企业内部的一个新的职位上通常意味着晋升，一般是安排他们担负更多的责任。招聘、选拔、安置和晋升是一个复杂的过程。

2.2.7　人员选聘的途径与方法

1. 组织内部人员选聘

1）内部提升

内部提升是填补组织内部空缺的最好办法。不仅可以将有管理才能的成员放在更合适的位置上，而且可以提高组织成员的工作积极性。

要成功实现内部提升，必须做好以下工作：首先，考察组织成员是否具有提升资格，确定候选人；其次，测试提升候选人，测定其能力，必须使每位提升候选人都具有综合可比性；

最后，确定提升人选。

2）内部调动

内部调动是指组织将组织成员从原来的岗位调往同一层次的空缺岗位去工作。

3）内部选聘

内部选聘主要采用职务选聘海报、口头传播、从组织的人员记录中选择、以业绩为基础的晋升表等方法，其中，常用的是职务选聘海报。

2. 组织外部人员招聘

1）外部招聘的途径

外部招聘的途径包括职业介绍机构与人才交流市场、猎头公司、校园选聘、公开选聘。

2）外部招聘的方法

（1）招聘广告：利用报纸、杂志、电视和电台发布招聘信息。

（2）网上招聘：通过计算机网络向公众发布招聘信息，能快速及时地传递信息，传播面也极为广泛（可以波及国外）。

3）外部招聘的程序

外部招聘的程序通常分为准备策划、宣传报名、全面考评和择优录取四个阶段。

2.2.8　人员录用的方法

1. 多重淘汰式

多重淘汰式中，每种测试方法都是淘汰性的，应聘者只有在每种测试中都达到一定的水平，方能合格。该方法是将多种考评与测验项目依次实施，每次淘汰若干低分者。全部通过考评项目者，再按最后面试或测验的实得分数排出名次，择优确定录用名单。

2. 补偿式

补偿式中，不同测试的成绩互为补充，最后根据应聘者在所有测试中的总成绩作出录用决策。例如，分别对应聘者进行笔试与面试选择，再按照规定的笔试与面试的权重，综合算出应聘者的总成绩，决定录用人选。由于权重不一样，录用人选也会有差别。

3. 结合式

结合式中，有些测试是淘汰性的，有些测试是互为补充的，应聘者通过淘汰性的测试后，才能参加其他测试。

2.2.9　人事考评的方法

1. 实测法

实测法通过各种项目实际测量进行考评。

2. 成绩记录法

成绩记录法将取得的各项成绩记录下来,以最后累积的结果进行评价。这种方法适用于能实行日常连续记录的生产经营活动。

3. 书面考试法

书面考试法通过各种书面考试的形式进行考评。这种方法适用于对被考评者所掌握的理论知识进行测定。

4. 直观评估法

直观评估法依据对被考评者平日的接触与观察,由考评者凭主观判断进行评价。这种方法简单易行,但易受考评者的主观好恶影响,科学性差。

5. 情境模拟法

情境模拟法通过设计特定情境,考察被考评者现场随机处置能力。

6. 民主测评法

民主测评法由组织成员集体打分评估。

7. 因素评分法

因素评分法分别评估各项考核因素,为各因素评分,然后汇总,确定考核结果。

8. 小组考评方法

小组考评方法所采用的评定标准包括计划、决策、组织、协调、人员、激励和控制,还可包括销售技能等其他因素。

这种考评过程涉及被考评者,包括以下步骤:①选择与工作有关的标准;②开发可以观察的行为范例;③选择4~8个考评者(同行、同事、其他主管,当然也有直接上级);④准备适合这项工作的考评表;⑤考评者完成考评表;⑥综合各种考评结果;⑦分析考评结果,并准备考评报告。

小组考评方法的优点是在进行考评时可以从很多方面获取素材,而不仅是从上级那里,因此具有相当高的准确性。这种方法可用来识别考评者的倾向性(如给出的评价总是很高或很低,或者针对某些特定的人群)。显然,被考评者认为这种方法很公平,因为他们参与选择评估标准和考评者。这种方法允许人们相互比较。尽管这种方法已被各种企业所采用,但是仍需要进一步的评估。

2.2.10 管理人员的培训方法

1. 在职培训

1)有计划的推进

有计划的推进是一种能让管理人员清楚了解自己发展途径的方法。管理人员知道他们目前所处的位置，也明白他们将来可能实现的目标。例如，基层管理人员可以看到从主管到工厂负责人再到生产经理的一个粗略发展蓝图，进而了解晋升的条件和得到晋升的方法。遗憾的是，人们可能过分强调为下一份工作而做出努力，忽视应在当前的工作中有良好的绩效。受训者可能把有计划的推进看作到达高层的坦途，但实际上有计划的推进是一种按部就班的方法，需要把每份工作都努力做好。

2）工作轮换

工作轮换包括管理工作轮换与非管理工作轮换。非管理工作轮换是根据受训者的个人经历，让他们轮流在企业生产经营的不同环节工作，以帮助他们获得各种工作的知识，熟悉企业的各种业务。管理工作轮换是在提拔某个管理人员担任较高层次的职务以前，让他先在一些较低层次的部门工作，以积累不同部门的管理经验，了解各管理部门在整个企业中的地位、作用及其相互关系。

作为培养管理技能的一种重要方法，工作轮换不仅可以使受训者丰富技术知识和管理能力，掌握企业业务与管理的全貌，而且可以培养他们的协作精神和系统观念，使他们明确系统的各部分在整体运行和发展中的作用，从而在解决具体问题时，能自觉地从系统的角度出发，处理好局部与整体的关系。

为了有效地达到工作轮换的目的，要对受训者提出明确的要求，并据此对他们在各部门工作期间的表现进行严格考核。

3）设立助理职务

在一些较高的管理层次设立助理职务，不仅可以减轻主管的负担，使之从繁忙的日常管理中抽身，专心致力于重要问题的考虑和处理，而且具有培训待提拔管理人员的好处。例如，可以使助理接触较高层次的管理实务，并通过处理这些实务，积累高层管理的经验，熟悉高层管理工作的内容与要求；可以使助理很好地观察主管的工作，学习主管处理问题的方法，吸收其优秀管理经验，从而促进助理的成长；可以使培训组织者更好地了解受训者（助理）的管理能力，通过让其单独主持某项重要工作，来观察其组织能力和领导能力，从而决定是否有必要继续培养或是否有可能予以提升。

4）临时职务与"彼得现象"

当组织中某个主管由于出差、生病或度假等原因使某个职务在一定时期内空缺时（当然，组织也可有意识地安排这种空缺），可考虑让受训者临时担任这项工作。安排临时性的代理工作具有与设立助理职务相类似的好处，可以使受训者进一步体验高层管理工作，并在代理期内充分展示其具有的管理能力，或迅速弥补其所缺乏的管理能力。

设立代理职务不仅是一种培训管理人员的方法，而且可以帮助组织进行正确的提升，防止"彼得现象"的产生。"彼得现象"是指每个管理职位最终都会由一位对其不胜任的员工负责。

如何才能防止"彼得现象"产生呢？从理论上来说，组织总是有可能（而且应该）及时撤换不称职的管理人员。但在实际工作中，表现平平的管理人员被降职的可能性极小，而且组织往往对绩效较差的管理人员比较宽容。为了对他们本人"负责"，组织往往需要给他们提供一个改善的机会。当他们的能力被再度证明不符合职务要求，从而组织下决心撤换时，他们所在部门的工作已对组织目标的实现产生了一些不利的影响。因此，消极地在提升后撤换不称职管理人员的方法需要组织付出的代价有时是极大的。

"彼得现象"能够产生的一个重要原因是提拔管理人员往往主要根据他们过去的工作成绩和能力。在较低层次上表现优异、能力突出的管理人员能否胜任较高层次的管理工作？答案是不一定的。只有当这些人担任高层次管理工作的能力得到某种程度的证实以后，组织才应考虑晋升的问题。检验某个管理人员是否具备担任较高职务的条件的一种可行方法是安排他担任某个临时性的代理职务。通过对代理者的考察，组织可以更好地了解他的独立工作能力。如果在代理以前，该管理人员表现突出，部门内的人际关系很好，在执行工作中也表现一定的创新精神，而在代理过程中，遇事不敢做主，甚至惊慌失措，那么将代理者转为正式管理人员显然是不恰当的。由于代理只是一个临时性的职务，取消代理使其从事原先的工作，对代理者本人也不会造成任何打击，但这样可以帮助组织避免一次错误的提拔。

5）委员会和基层管理委员会

委员会和基层管理委员会亦称多层管理，有时用来作为开发管理人员的方法，使受训者有机会与有经验的管理人员交往。此外，受训者一般来自企业的中层，也有些受训者来自企业的基层，他们熟悉整个组织的各种问题，这样一来，就了解了不同部门之间的关系以及这些部门相互作用下所产生的问题。受训者可能有机会向委员会或基层管理委员会提出报告和建议，以证明他们的分析和想象能力。这个方法的负面作用是，高层管理人员可能用家长方式来对待受训者，不给他们真正参与管理的机会，其做法会使他们感到沮丧，产生消极情绪。这样一来，对他们的成长是不利的。

6）辅导

在职培训是一个循序渐进的过程。辅导是每个直线管理者的职责，要使辅导有成效，必须在上级和下属之间建立一种相互信赖和信任的氛围。上级必须有耐心、有智慧，必须能够授权，并且对下属出色的工作给予认可和赞赏。有效的辅导能巩固下属的优点并发挥其潜在的能力，能帮助他们克服缺点。辅导需要时间，但是，如果把辅导做好，就可以节约时间、财力和防止下属犯高代价的错误。因此，长远来看，辅导会给上级、下属及企业都带来好处。

2. 内部培训和外部培训

1）会议项目

会议项目既可用于企业内部培训，也可用于企业外部培训。在这一方法中，管理人员或继任管理人员可以接触各类专家的看法。企业内部的会议可讲解企业的历史、目标、政策，以及与顾客、消费者及其他群体的关系等，企业外部的会议内容极为丰富，包括从具体管理方法到涉及企业与社会的关系这样广泛的问题。

如果这些方案可以满足培训的要求，并且经过深思熟虑地计划，就会很有价值。认真挑选培训主题和专家，能够提升这种方法的效果。此外，开展讨论能使会议更加成功，因为通过双向交流，参与者可以要求澄清与他们特别有关的具体话题。

2）大学管理项目

现在许多大学除了提供工商管理专业本科和研究生学位，还举办一些培训管理人员的课程、讲习班、研讨会和正规培训项目。提供的方式有夜读班、短期研讨班、住宿课程、全日制研究生课程，甚至按不同企业的要求而特别设计项目。有些高级管理人员发展中心甚至提供职业生涯发展支持项目，以满足基层主管、中层管理人员及高层管理人员的特殊培训和开发要求。

这些大学管理项目能使管理人员接触管理的理论、原则和新的发展。此外，参加这些项目的管理人员管理职位相近，面临类似的挑战，通常会在项目中交流其宝贵的管理经验。

3）内部"大学"

芝加哥附近的麦当劳大学是知名的企业内训中心。这个大学有自己的图书馆和现代的电子设备教室，管理人员在那里学习如何经营麦当劳餐厅。世界各地都战略性地分布着不少这样的大学，许多企业创建了自己的大学。

4）阅读、电视、电子化教学及在线教学

还有一种开发管理人员的方法是有计划地阅读有关的最新管理文献资料，这基本上是一种自我开发的方法。管理人员可以得到培训部门的帮助，后者经常编制有价值的书籍。与其他管理人员和上级讨论相关的文章和著作，也可以提高学习的效果。

管理和其他一些话题已经成为电视教育节目的主题。某些培训项目还可以获得大学学分。此外，不同主题的影像视频还可在大学教室或企业的培训室里使用。

在线教育投资日益增长，提供在线教育的机构可以分为三类：①学院；②大学；③企业和商业培训组织。大学在研究生项目和扩展课程方面正在采用新的技术。

5）企业模拟和拓展训练

企业模拟和拓展训练已经推出一段时间，计算机的出现使这些培训和开发方法更为流行。然而，计算机仅是工具之一，许多培训根本不需要任何硬件。

大量的各种各样的企业模拟方法可以通过企业模拟和拓展学习协会（Association for Business Simulation and Experiential Learning，ABSEL）会议上讨论的话题得到最好的解释，这些方法涉及从观念和价值的行为培训，到营销、会计、决策支持系统及商业政策和战略管理等课程，无所不有。

6）电子化培训

随着企业的经营活动越来越广泛，不少企业推出了基于网页的培训课程，比传统意义上的课堂培训更具成本优势。企业采用各种可能的培训方法，有的是提供近似于实战的内容，有的是形成虚拟的教室，教师和学生能够互动。与实况讲授同步的电子化培训看起来比需要自律的自我安排进度的学习方法更为有效。实况讲授可以采用投影胶片、幻灯片和讲义相结合的方式，以适应学生不同时间段的需要。方法之一是将近似于实战的项目与实况讲授混合使用。

近年来，一些知识密集型企业已经成功应用电子化培训方式。电子化培训广泛用于传授技能。电子化培训方式还处于起步阶段，需要更多的研究使其更为有效，以适当地平衡自我安排的学习和教师引导的培训之间的关系。

7）特别培训

开发管理人员必须采用开放系统的方法，以对外界环境的需求作出反应。人们越来越认识到,有必要为少数族裔和残疾人专门制定培训项目。许多企业已经做出努力来培训这些人,以使他们在为企业目标作出贡献时,把全部潜力发挥出来。

企业也可针对所选科目提供专门的培训项目。有关伦理道德的话题经过讨论后可以为员工提供行为规范方面的指南。有关企业文化的专题可通过正式或非正式的方式来讨论,如日本企业以竭尽全力在员工中灌输企业理念、促进企业文化建设著称。

2.2.11　人员培训的方法

1. 讲授法

讲授法常用于一些理念性知识的培训。这种方法运用方便,便于培训者控制整个过程。但信息交流方式为单向传递,反馈效果差。

2. 视听技术法

视听技术法多用于介绍组织概况、传授技能等方面的培训,也可用于概念性知识的培训。运用视觉与听觉的感知方式,直观鲜明,但受训者的实践体验欠佳,且制作和购买的成本高,内容易过时。

3. 讨论法

按照费用与操作的复杂程序,讨论法可分为研讨会与一般小组讨论两种方式。研讨会以专题演讲为主,中途或会后允许受训者与演讲者进行交流沟通。一般小组讨论的信息交流方式为多向传递。

4. 案例研讨法

案例研讨法通过向受训者提供相关的背景资料,让其寻找合适的解决方法。这种方法的使用费用低,反馈效果好;可以训练受训者分析、解决问题的能力,多用于知识类的培训。但其需要的时间较长,与问题相关的资料有时可能不甚明了,影响分析的结果。

5. 角色扮演法

角色扮演法多用于人际关系能力的训练。让受训者在培训者设计的工作情境中扮演某个角色,其他受训者与培训者在受训者表演后做适当点评。这种方法的信息传递多向化,反馈效果好,实践性强,费用低。

6. 互动小组法

互动小组法让受训者通过培训活动中的亲身体验增强处理人际关系的能力。这种方法主要适用于管理人员的实践训练与沟通训练。其优点是可明显提高人际关系处理与沟通的能力,但其效果在很大程度上依赖于培训者的水平。

7. 师徒传承法

师徒传承法是由一个在年龄上或经验上资深的人员(师傅)支持一位资历较浅者进行个

人发展或生涯发展的方式。师傅扮演教练、顾问以及支持者的角色。

2.2.12　提高委员会工作效率的方法

1. 审慎使用委员会工作的形式

由于委员会的工作需要消耗大量的时间和费用，那些琐碎、繁杂、具体的日常事务不仅数量多，而且时间要求往往非常高，不宜采用委员会工作的形式去处理。若由委员会去处理，则可能产生决策延误的危险。相反，那些对组织的全局影响重大、长远，从而对时间要求往往不是很严格，组织必须进行详细论证的问题，则可采用作为提供咨询的参谋机构，甚至作为制定政策的决策机构的委员会工作的形式去处理。

另外，由于委员会通常可用作协调工具，当处理的问题只涉及一个职能或一个利益群体时，委员会工作的形式是多余的；当处理那些涉及不同部门的利益和权限的问题时，委员会工作的形式往往是比较有效的。

2. 选择合适的委员会成员

根据委员会的性质来选择恰当的委员会成员。如果运用委员会的目的在于进行专门研究、提供咨询意见和建议，那么委员会成员应具有问题所涉及的不同专业的理论和实际知识。如果运用委员会的目的是协调各方面的利益和权限，那么委员会成员应是相关职能部门的负责人或利益群体的代表。如果委员会作为一个决策机构来工作，那么委员会成员不仅应掌握必要的专门知识，能够代表不同方面的利益，而且应具备相当的综合能力和合作精神。在任何性质的委员会中，委员会成员都应有较强的表达能力和理解能力，不仅善于表达自己的观点，而且能正确把握其他成员的思想。决定委员会工作效率的一个重要因素是委员会成员间的相互沟通，而改善沟通的必要前提是其具有较强的沟通能力。

3. 确定适当的委员会规模

委员会的规模主要受到两个因素的影响：沟通的效果与代表性。

委员会是利用开会、讨论的方式来开展工作的。参加会议的人数过多，要使每个与会者都有足够的机会去正确理解别人的观点或充分阐述自己的意见是比较困难的。信息沟通的质量与参加会议的人数成反比：委员会成员越少，沟通的效果越好；反过来，委员会成员越多，沟通的难度越大。因此，从沟通效果这个角度去考察，似乎倾向于较小的委员会规模。

但是，如果委员会规模很小，就有可能与这种工作方式的逻辑使命相违背。只有少数人组成的委员会，不可能综合各种知识、代表各方面利益、使执行者有足够的参与机会。为了在保证代表性的同时取得较好的沟通效果，有人把所需讨论的问题细分为若干方面，然后成立小组委员会，从而使相关部门或群体的代表都有足够的机会去发表自己的意见。

在确定委员会的规模时，要努力在沟通效果与代表性之间取得适当的平衡。

4. 发挥委员会主席的作用

委员会主席是一个重要的角色，委员会的工作成效在很大程度上受到其主席的领导才能的影响。为了避免时间的浪费和无聊的争论，委员会主席应在每次会议之前制订详细的工作计划，选择恰当的会议主题，安排好议事日程，为与会者准备必要的、能够帮助他们熟悉情况的有关议题的背景材料。在讨论过程中，要善于组织和引导，既能公正地对待每种意见，不偏袒任何一种观点，尊重每个成员，给予他们平等、自由发表意见的机会，又能从总体的角度出发，综合各种意见，提出易于被大部分成员接受的新观点。

5. 考核委员会的工作

要提高委员会的工作效率，必须了解委员会的工作情况，对委员会的工作效率进行考核。由于委员会主要是通过会议来进行工作的，考核委员会的工作必须检查它的会议效率。会议的效率与召开会议所得到的有利结果以及为取得该有利结果而支付的费用有关。虽然难以计算委员会的决策带来的货币收益，特别是难以对会议本身带来的协调、沟通和激励的作用进行量化处理，但是可以很方便地利用下述公式来计算委员会召开会议的直接成本：

$$C = A \cdot B \cdot T$$

式中，C 为会议的直接成本；A 为与会者平均小时工资水平；B 为与会者人数；T 为会议延续的时间。显然，在委员会成员数量与工资水平不变的情况下，缩短为取得特定结果所需的会议时间是降低会议直接成本，从而提高委员会工作效率的重要途径。

2.2.13　避免组织冲突的方法

（1）对于非正式组织，首先要认识到非正式组织存在的必要性和客观性，积极引导非正式组织，使其目标与正式组织的目标一致；然后要建立良好的组织文化，规范非正式组织的行为。

（2）对于直线与参谋，首先应该明确必要的职权关系，既要充分认识到参谋人员的积极作用，也要认识到协作和改善直线管理者工作的重要性，在工作中不越权、不争权、不居功自傲。然后，为了确保参谋人员的作用，应当授予他们必要的职能权力，这种权力更多的应当是一种监督权；给予参谋人员必要的工作条件，使其能够及时了解直线部门的活动进展情况，并提出更具有实际价值的建议。

（3）对于委员会，一方面，应该选择勇于承担责任的合格成员加入，并注意委员会人选的理论和实践背景，力争使之成为一个有效的决策机构和专家智囊团；另一方面，要对委员会的规模提出限制。显然，信息沟通的质量与成员的数量具有关联性，在沟通效果和代表性之间要尽可能取得平衡。为了提高委员会的工作效率，发挥委员会主席的积极作用，避免漫无边际的争论和浪费时间，要做好会议的准备工作，讨论中主席应善于引导和把握每种意见，去粗取精，从总体上把握组织利益的方向。

2.2.14　员工学习组织文化的方法

1. 故事

组织的故事通常包含对重要事件或人物的叙述，如组织创始人、规则破坏者、对以往错误的反应等。为了帮助员工了解文化，组织故事以过去作为现在的精神支柱，为如今的所作所为提供解释和合理性，举例说明什么对组织是重要的，并且为组织目标绘制了引人入胜的图景。

2. 仪式

企业仪式是表达与强化重要价值观和组织目标的一系列重复活动。最有名的企业仪式之一是玫琳凯化妆品有限公司为销售代表举行的年度颁奖典礼。该企业每年在颁奖典礼上花费超过 5000 万美元。颁奖典礼设置在一个大礼堂中，看起来像是马戏表演和美国小姐盛典的混合，大批观众在舞台前欢呼，所有的参与者身着富有魅力的晚礼服出席。完成销售目标的销售人员将获得一系列昂贵的礼物，包括大屏幕电视、钻戒、旅游假期和豪车。通过当众表彰杰出的销售人员，这场"表演"起到了激励的作用。另外，玫琳凯的企业仪式也是对其已故创始人玫琳凯·艾施的创业决心和乐观品质的传承，这些品质曾使她克服个人困难，创办自己的企业并最终获得成功。颁奖典礼告诉了她的销售人员，完成销售目标是重要的，并且通过努力工作和鼓励，他们也可以取得成功。这项颁奖典礼在建立激励水平和行为期望方面发挥了重要作用，最终满足了管理者对组织文化的期待。

3. 物质象征

当你进入不同类型的企业，你是否会对工作环境有一种感觉：正式的、随意的、有趣的、严肃的……这些反应证明了物质象征在创造组织个性方面的作用。物质象征向员工传达了谁是重要的以及被期望和赞赏的行为类型（承受风险的行为、保守的行为、专制的行为、参与性的行为和个人主义的行为等）。

4. 语言

很多组织和组织中的单元将语言作为识别和团结成员的方法。通过学习这种语言，成员可以证明他们对组织文化的接受程度和他们维护组织文化的意愿。随着时间的推移，组织往往会出现一些专用术语来描述设备、主要工作人员、供应商、顾客、流程或与企业有关的产品。新成员往往会对这些缩略语感到不知所措，但是一段时间后，这些也成了他们语言的一部分。一旦被学会，这种语言就会成为连接成员的共同点。

2.3　管理实践案例

2.3.1　案例 1

某公司从一家濒临破产的小厂最终发展成为如今营收超 1000 亿元的全球化集团，其中离不开公司对其组织架构的不断创新、调整。

第一，针对库存积压、生产浪费较大的问题，该公司重新设计了订货系统，收集下游零售商的货运信息，实时了解产品在零售商处的销售和存货情况，据此来调整自己的生产和销售计划，并计算补充发货数量和发货时间。这让该公司大大降低了存货成本，显著提高了公司的绩效和经营效率。

第二，为了吸引更多优秀人才，该公司十分注重人才招聘模式的发展。以校园招聘为例，公司引入了数字化的招聘测评一体化运营平台，统一在平台上进行简历筛选、测评面试等环节，同时利用平台打造特色的、有影响力的雇主品牌形象。数字化平台的使用充分满足了线上招聘的需求，同时有效节约了人力资源部门的时间，每个招聘站点只需要一两周就能完成宣讲、测评、初试、复试、终试整个招聘环节。此外，数字化平台储存的大数据能够为人力资源部门之后的招聘提供可靠的数据分析。

第三，为了提高管理人员的工作效率和效益，该公司会组织管理人员针对部门面临的困难进行为期 2~3 天的头脑风暴，分享各自观点，形成一个解决方案，提交给部门上级并由其决定是否采纳。该公司设立了专门的培训中心，为管理人员提供相应的辅导，管理人员将向其他优秀公司学习如何提高客户忠诚度和满意度、如何处理与上游供应商之间的关系等。同时，在激励方面，管理人员的奖金会直接和产品质量要求的完成结果挂钩，由公司制定的考评体系进行评估，最优秀的那部分管理人员将获得股票、期权等物质奖励。

第四，为了提高组织结构内部的工作效率和效益，该公司采取以各个团队为单位的分组织运营模式，围绕产品策划、研发、运营三大核心方向设置了多个团队，分别负责产品生产的各个环节，相互独立又相互合作，共同促成了整体产品的产生，创造了很多有市场前景的优秀创意。

思考题

1. 什么是组织？请简述你的理解。
2. 如何看待该公司的分组织运营模式？

2.3.2 案例 2

B 公司成立于 1999 年，一直致力于技术创新能力的发展和创新氛围的营造，2007 年研发出针对盲人的阅读终端产品"阳光听书郎"，可以帮助盲人畅听任何电子书籍。2010 年研发出面向盲人的读屏软件。2015 年，B 公司推出"听见"产品，能够将老师教学演讲内容完整、即时地转为文字。B 公司于 2008 年在深圳证券交易所挂牌上市。如今，B 公司已成为亚太地区最大的语音上市公司，以及中国智能语音与人工智能产业的领导者。B 公司的创新之路离不开其所倡导的组织文化。

1. 创业整合阶段（1999~2003 年）

1999 年，创始人带领一个年轻的团队开始创业时，中文语音应用几乎全部被国外公司所垄断，微软（Microsoft）、国际商业机器（International Business Machines，IBM）、摩托罗拉（Motorola）等均在中国设立了专门的语音研究基地。在该阶段，B 公司所确立的企业文化是"成就员工理想，创造社会价值"。"成就员工理想"旨在为志同道合的员工提供施展能力的广阔舞台和简单真诚的人际关系，为员工提供与其贡献相匹配的丰厚回报和持续的培训与成长空间，员工也因 B 公司的发展和自身贡献而得到了家庭的认可、社会的尊重。"创造社会价值"旨在创造阳光健康的、高技术含量的、高附加值的社会价值,创造能够代表区域、国家参与全球高科技竞争的独特社会价值。

2. 转型发展阶段（2004~2007 年）

此时,B 公司的语音合成技术取得了重要突破,已经可以满足社会很多行业的应用要求。然而,如何让这一技术以最快的方式推进到社会生活的各个方面,从而最大限度地占领市场,是 B 公司面临的一个重要问题。这阶段,B 公司以"敬业、创新、奋进"作为企业精神,企业管理理念要求把 B 公司建设成有家规的大家庭,做到真诚、平等、自律、分享,关注员工成长,把人才视为公司最大的资产。同时形成了公司员工集体认同和遵守的员工行为准则,包括追求团队的成功、持续不断地学习和进步、相互信任和相互尊重、不断超越和勇争第一等。

3. 加速发展阶段（2008 年至今）

2008 年在深圳证券交易所上市后,B 公司的核心技术研发与成果产业化有了更大、更广阔的资本平台,进入发展快车道。在这一时期,公司企业文化与价值观建设进一步体系化与成熟化。公司围绕"成就员工理想、创造社会价值"的核心理念,从内部运营、过程控制、灵活自主、外部发展等维度形成了公司人本文化、执行文化、创新文化、品牌文化四大模块,构建了 B 公司的文化核心体系。

2016 年 8 月 8 日,B 公司创始人正式发布 B 公司价值观为"企业价值主张:成就客户。组织成功特质:创新、坚守。员工职业标准:团队协作、简单真诚、专业敬业、担当奋进"。

B 公司的发展历程虽然短暂,但是清晰地展现了文化与发展之间的关系。

资料来源:刘志迎,俞仁智,何洁芳,等.2014.战略导向视角下组织文化变革与双元能力的协同演化——基于科大讯飞的案例研究.管理案例研究与评论,7 (3): 195-207. 作者有改动。

思考题

1. 什么是组织文化?组织文化包含哪些内容?组织文化具有什么特征?
2. 根据 B 公司组织文化的变革过程,试分析组织文化对企业发展的作用。

2.3.3 案例 3

到 A 公司的人会感到惊讶:在公司内,有些普通员工可以免打卡考勤,在工作繁忙时,员工会自动加班,有的岗位薪资并不高,但即使是普通员工也有一种自发的 A 公司人荣耀感……是什么方法可以让员工做到这些? A 公司指出,这些不是简单地靠制度或管理工具来制约的,而是通过企业文化的渗透。其关键在于以企业战略和文化为导向的战略人力资源管理的实施,作为一整套内部一致的管理实践,一方面,它通过企业战略和高层管理人员与企业文化相连,体现了企业的价值观和管理信念;另一方面,它作为显性、具体的管理实践,是一种向员工传达信息的过程,并通过该过程告诉员工什么行为是重要的、被期望的,以及该受到奖赏的,进而引导、激励员工表现出有利于提升企业绩效的行为。因此,战略人力资源管理成为连接 A 公司企业文化与企业员工行为和企业绩效之间的桥梁。

1. 高层引导

A 公司的战略人力资源管理体系的设计是从高层管理人员开始的, 在对企业文化的落实中, 各项人力资源管理原则、实施细则的制定都首先获得了高层管理人员尤其是首席执行官 (chief executive officer, CEO) 的大力支持, 然后从管理层的率先示范开始。A 公司利用高层管理人员率先示范的推动作用, 带动中、基层管理人员的执行力度, 以战略人力资源管理为切入点来建设企业文化的基本规范。

2. 制度建设

法律和道德是国家治理的两种主要手段, 同样地, 企业治理的手段也可分为制度和文化。法律和制度是刚性的, 是不可触犯的; 道德和文化是柔性的, 是潜移默化的, 是靠自律和环境影响实现的。

A 公司认为, 企业文化像企业高速发展道路上的路标, 用来为企业发展指引方向; 制度像企业高速发展道路上的护栏, 用来保证企业快速前进。方向错了, 难免走弯路; 护栏没了, 危险就会随即而来。A 公司的企业文化是一种内动力, 可以激发员工的潜意识, 增强凝聚力, 发挥人的主观能动性; 战略人力资源管理制度是企业运行的良性保障, 可以通过机制使企业管理更加科学, 更加有效率。

3. 员工行为塑造

战略人力资源管理各项具体的实践承担着具体的工作, A 公司从选人到员工培训、绩效考核和薪酬管理, 再到个人成长, 各个环节都体现了企业文化, 把企业文化从口号引导为员工的具体行为。

1) 认同企业文化的选人用人标准

对企业文化的认可是成为 A 公司员工的必要条件。A 公司在招聘人才、选拔人才的时候, 并不过分看重学历。不同的岗位对人的能力和素质要求并不相同, 这些能力和素质并不是学校教育所能全部完成的, 再加上学校教育和企业需求有时并不完全契合, 学历只能代表一个人的学习经历, 并不能以此定终身。

A 公司认为, 企业的核心价值观就是做人的规范。A 公司倡导勤奋地、忘我地工作, 因此追求安逸的人并不适合在 A 公司发展; 有的人心高气傲, 不适应 A 公司文化; 有的人过分追求个人利益, 不符合共赢的核心价值观要求。A 公司在选人的过程中, 更看重的是人的能力和心态, 以及对企业文化的认同。

2) 培训: 以企业文化为基石, 谋求公司与员工的共同成长

企业培训是员工成长的必要手段, 也是企业文化深入人心的必要途径。企业文化的落脚点在于员工的行为, 而行为以认识为前提, 培训正是改变和提升员工认识的主要方法。

A 公司的培训基于企业文化, 在致力于企业长期发展的基础上, 谋求企业和员工的共同成长。在培训员工时, 一方面提高其工作能力, 另一方面对其进行企业文化培训, 包括纪律教育和企业发展史教育, 加快了新员工对 A 公司文化价值观的认同, 又巩固和加强了老员工

对企业价值观的共享与传承。A公司进行企业文化培训时，从员工成长的角度剖析企业文化对个人的成长和未来发展具有的意义。

3）绩效考核和薪酬管理：引导员工表现出更多符合企业文化的行为

人力资源管理的核心是用人，衡量用人结果的标准是企业的考核和评价体系。在考核和奖励员工时，如果仅以业绩为指标，会使有些员工为达目标不择手段，给企业的长期发展带来损失。因此，A公司在评价和奖励员工时，既要坚持以业绩指标为主，又要将品德的考核与企业文化的要求结合起来，督促员工用正确的方式获得业绩，从而实现企业长远利益的最大化。

综上所述，A公司以企业文化为基础，以实现企业战略目标为目的，设计了一个基于企业战略与企业文化的绩效评估体系和薪酬体系，力图通过物质和精神奖励激励员工，同时通过绩效考核和薪酬引导员工表现出符合企业价值观和文化的行为，提高其对企业价值观的理解和认同，提升企业长期绩效。

资料来源：郝枝林, 刘飞. 2012. 渠道为王：找对渠道做销售. 北京：中国财富出版社；于灯灯. 2017. 紫罗兰家纺转身直销再出发. 知识经济（中国直销）, (9)：71-73. 作者有改动。

思考题

1. 结合所学的有关组织的知识，分析A公司从哪几个方面构建企业的组织结构。
2. 结合所学知识，分析A公司的企业文化和人员配备与其管理实践的关系。

第 3 章
领 导

3.1 基 本 概 念

3.1.1 领导

领导是管理权人实施管理的行为。

领导的基本概念还有如下表达形式。

（1）领导是指利用组织赋予的权力和自身的能力去指挥和影响下属为实现组织目标而努力工作的管理活动过程。

（2）领导者是指能够影响他人并拥有管理权的人；领导是指影响团队来实现组织目标的过程，是领导者所做的事。

（3）领导是指指挥、带领、引导和鼓励下属为实现目标而努力的过程。

（4）领导是指个体对他人施加影响，带领和指导他人活动以实现群体或者组织目标的过程。

（5）领导是一种影响力，即影响人们心甘情愿和满怀热情地为实现群体的目标而努力的艺术或过程。

（6）领导是一种影响力，即对一个组织为确立目标和实现目标所进行的活动施加影响的过程。

3.1.2 激励

激励是激发和鼓励组织成员实现组织目标的动力和过程。

激励的基本概念还有如下表达形式。

（1）激励是指组织诱发个体产生满足某种需要的动机进而促使个体行为与组织目标趋同

的管理过程。

（2）激励是指体现个体为实现目标而付出努力的强度、方向和坚持的一种过程。

（3）激励是指鼓舞、指引和维持个体努力行为的驱动力。

（4）激励是指激发和鼓励人朝着所期望的目标采取行动的过程。

（5）激励是指创设满足职工各种需要的条件，激发职工的工作动机，使之产生实现组织目标的特定行为的过程。

3.1.3　沟通

沟通是传递并理解信息的过程。

沟通的基本概念还有如下表达形式。

（1）沟通是指信息的传递与理解的过程，是在两人或更多人之间进行的在事实、思想、意见和情感等方面的交流。这里的理解并不一定要使对方完全接受自己的观点和价值，但一定要使对方完全明白信息发送者的观点和价值。

（2）沟通是指意思的传递和理解，沟通包含人际沟通（两人及以上之间的沟通）和组织沟通（组织中的各种沟通模式、网络和系统）。

（3）沟通是指可理解的信息或思想在两人及以上的人群中传递或交换的过程。

（4）沟通是指信息从发送者到接收者的传递过程，而信息是接收者所理解的信息，沟通是管理者开展各项工作所必须掌握的基本技能之一。

（5）沟通是指人与人之间传达思想或交换情报的过程。

3.2　基　本　方　法

3.2.1　领导者树立威信的方法

1. 正确认识自身的任务和责任

一般地说，领导者的任务有两项：一是完成组织目标，即完成上级和组织交给的任务；二是尽可能满足组织成员的需要，这种需要既有物质的，也有精神的。

如果只有第一项任务，没有第二项任务，就难以调动员工的积极性，难以保持旺盛的士气，领导者本人也难以施加影响，因为员工总是倾向于追随那些能满足他们欲望和需要的人，没有追随就没有影响力。如果只有第二项任务，没有第一项任务，就成了福利主义、讨好主义。

领导者的两项任务决定了领导者的双重立场：一方面要代表上级和组织，代表人民的长远利益和整体利益；另一方面要代表组织成员的利益。一个高明的、有威信的领导者的重要标志是善于将两者巧妙地协调起来，只有存在矛盾而又无法协调时，才按局部服从整体、个人服从集体的原则处理，并对员工进行教育。

领导者为了完成组织目标，必须对他的下级有影响和支配能力。但是为了代表员工的利益，满足员工的需要，领导者又必须允许下级对他也有一定影响力，使下级能够影响和改变他的政策、措施和规定。若领导者只允许自己对下级有影响力，而不允许下级对他有影响力，则难以完成领导者的两项任务，且处于为难的境地。

2. 树立正确的权威观

（1）破除对职位权力的迷信。不要以为自己有了职位，有了权力，就一定会有威信。靠行政权力导致的服从往往是表面的，甚至是虚假的，一旦失去权力，往往是"树倒猢狲散"，甚至"墙倒众人推"。领导者若想避免这样不光彩的下场，唯一的出路是在个人权力上下功夫，使自己的专长更突出，使个人的品德更高尚，从而吸引下级真心地信任和跟随自己。

（2）正确地认识权力的来源。领导者应该清楚地认识到上级只能授予权力，但无法授予威信。此外，只有当下级愿意接受上级授予领导者的权力时，它才是有效的。从这个意义上讲，领导者手中的权力归根结底是由下级给予的。因此，领导者在向上级负责的同时，必须全力争取下级的理解、认同和拥护。

（3）正确地使用权力。①勤政，即要有高度的责任感和良好的敬业精神，要全身心地投入工作，干实事，见实效；②廉政，即决不能以权谋私，应出以公心，办事公道，清正廉明；③应该看到影响力是双向的，即领导者既要对下级施加影响，又要首先虚心地听取下级意见和建议，主动接受下级的影响。

根据上面的分析，领导者要树立威信：一要素质好，即具有足够的知识、能力和经验，善于集中员工的智慧；二要有权，即说话算数，有明确的组织赋予的权力；三要人和，即能和别人和睦相处，具有良好的人际关系，善于洞察员工的心理，创造激励的工作环境，满足员工的需要；四要让人信服，即为人正派，办事公道，具有献身精神，不利用职权谋取个人私利。不要认为领导就是利用职位权力发号施令，对下级实行监督，而应当发挥引导、指挥和率先作用。领导者要首先使用个人权力，必要时才使用职位权力。

3.2.2　激励方法

1. 工作激励

通过合理设计与适当分配工作任务来激发员工内在的工作热情。

1）工作扩大法

通过扩大岗位工作的范围、增加工作岗位的职责，消除员工因从事单调乏味工作而产生的枯燥厌倦情绪，从而提高员工的劳动效率。工作扩大法包括横向工作扩大法、纵向工作扩大法。

横向工作扩大法是指员工的工作范围沿组织层级的水平方向扩大，即让员工承担同一层级的更多种类的工作。例如，将属于分工很细的作业操作合并，由一个人负责一道工序改为几个人共同负责几道工序。

纵向工作扩大法是指将员工的工作范围沿组织层级的垂直方向扩大，即将经营管理人员的部分职能转由生产者承担。例如，生产工人参与计划制订，自行决定生产目标、作业程序、操作方法等。

2）工作丰富法

通过增加岗位的技术和技能的含量，使工作内容更具挑战性和自主性，以满足员工更高层次的心理需求。工作丰富法主要包括五个方面。

（1）技术多样化。培养每个员工掌握多种技能和技术，给员工提供运用不同技术的机会。

（2）工作整体性。使员工了解本岗位所承担的任务与单位的总任务、总目标、总过程的关系。

（3）参与管理与决策。组织通过各种形式使员工有参加管理与决策的机会。

（4）赋予必要的自主权。在确保单位总目标和部门分目标实现的前提下，员工可以自行设定中短期的工作目标和任务，提高员工的责任感和使命感。

（5）注重信息的沟通与反馈。使员工能经常得到组织或领导者对他的工作结果、工作表现的评价信息，使员工看到自己工作的意义和价值。

3）岗位轮换法

让员工在预定时期内变换工作岗位，使其获得不同岗位的工作经验。针对不同的员工，岗位轮换法主要包括以下形式。

（1）确定工作岗位的新员工轮换。新员工在就职训练结束后，根据最初的适应性考察被分配到不同部门去工作，新员工在每个岗位轮换结束时，都应对其工作表现进行考评。通过这种方式，企业对新员工的适应性有了更清楚的了解，并最终确定他们的正式工作岗位。

（2）培养多面手的老员工轮换。为了适应日益复杂的经营环境，组织要求员工具有较强的适应能力。因此，在日常情况下，组织必须有意识地安排老员工轮换做不同的工作，培养其具备多种工作技能，开发其潜在能力，以适应复杂多变的经营环境。

（3）培养经营骨干的管理人员轮换。从组织长远发展考虑，管理人员的岗位轮换是培养经营骨干的重要措施。高层管理人员应当具有对组织工作的全面了解和对全局性问题的分析判断能力。因此，组织应使管理人员在不同部门间横向移动，增强其对部门间相互依赖关系的认识，并使其产生对组织活动更全面、系统的认知。

2. 成果激励

在正确评估员工工作产出的基础上给予员工合理的奖励，以保证员工工作行为的良性循环。

1）物质激励

物质激励是指从满足员工的物质需要出发，对物质利益关系进行调节，从而激发员工工作积极性的激励方式。

（1）工资。工资直接与员工的工作行为和业绩挂钩，是组织定期直接支付给员工的劳动报酬，主要由计时工资、基础工资、职务工资、计件工资、奖金、津贴和补贴，以及加班工资等部分组成。

（2）福利。福利是组织根据劳动合同以及国家相关规定，定期支付给全体员工或定期为员工缴纳的保险福利费用，如基本养老保险费和补充养老保险费、医疗保险费、失业保险费、工伤保险费、生育保险费、员工教育经费、员工住房基金以及其他费用等，额度上与工资存在一定的比例依存关系。

（3）员工持股计划。员工持股计划是一种特殊的物质激励，是指为了吸引、保留和激励组织员工，通过让员工持有股票，使员工享有剩余索取权的利益分享机制和拥有经营决策权的参与机制。在实施员工持股计划的组织中，员工不再是组织的被雇用者，而是组织的所有者，分担组织的盈亏，因此，员工会自发地产生高涨的工作热情。

2）精神激励

精神激励可以满足员工在精神方面的需求，有别于物质激励的无形激励。

（1）情感激励。情感激励是以管理人员与员工之间感情联系为手段的激励方式。管理人员可以通过多种途径来增进与员工之间的情感互动，如思想沟通、排忧解难、慰问家访、交往娱乐、批评帮助、共同劳动、民主协商等。感情交流不仅可以充分体现组织的人情味，而且可以很好地满足员工渴望关怀、爱护和尊重的需要。

（2）荣誉激励。荣誉激励是以激发员工追求良好声誉为手段的激励方式。常见的措施有公开表扬、员工评比、头衔名号、晋级提升、以员工的名字命名某项事物等。荣誉激励是一种象征性激励，是组织对优秀员工自身价值的认同与肯定，不仅可以提升员工的自信心，而且可以有效满足员工自尊和自我实现的需要。

（3）信任激励。信任激励是建立在上级对下级理解和信任基础上的激励方式。常见的措施有授予实权、委以重任、允许犯错等。信任激励体现了组织对员工的信赖和尊重，可以有效激发员工"士为知己者死"的工作斗志和热情。

（4）目标激励。企业目标是一面号召和指引千军万马的旗帜，是企业凝聚力的核心。它体现了员工工作的意义，预示着企业光辉的未来，能够在理想和信念的层次上激励全体员工。员工的理想和信念应该通过企业目标来激发，并使两者融为一体。企业应该将自己的长远目标、近期目标大张旗鼓地进行宣传，做到家喻户晓，让全体员工看到自己工作的巨大社会意义和光明的前途，从而激发大家强烈的事业心和使命感。

在进行目标激励时，还应注意把企业目标与个人目标结合起来，宣传企业目标与个人目标的一致性。企业目标中包含个人目标，员工只有在完成企业目标的过程中才能实现其个人目标。应使员工具体地了解：企业的事业会有多大发展，企业的效益会有多大提高，相应地，员工的工资奖金、福利待遇会有多大改善，个人活动的舞台会有多少扩大，使大家真正感受到"厂兴我富，厂兴我荣"的道理，从而激发强烈的归属意识和巨大的劳动热情。美国 IBM 公司，日本松下电器公司、丰田汽车公司，中国第二汽车制造厂等企业在目标激励方面都是卓有成效的。

（5）形象激励。一个人通过视觉感受到的信息量占全部信息量的80%，因此充分利用视觉形象的作用，激发员工的荣誉感、光荣感、成就感、自豪感，也是一种行之有效的激励方法。最常用的方法是照片上光荣榜，借以表彰本企业的标兵、模范。现在，许多大型企业安装了闭路电视系统，并开设了"厂内新闻"等电视节目，使形象激励又多了一个更有效、内容更丰富、更灵活多样的手段。五好青工、优秀党员、模范家属、劳动模范、技术能手、爱厂标兵等都在"厂内新闻"中成为新闻人物，立即通过视觉形象传遍千家万户，不仅本人感到光荣，而且全家引以为傲，这种激励效果是强有力的。

（6）兴趣激励。兴趣对人们的工作态度、钻研程度、创造精神的影响很大，往往与求知、求美和自我实现密切相连。在管理中重视兴趣因素会取得很好的激励效果。一些企业允许甚至鼓励员工在企业内部"双向选择、合理流动"，包括员工找到自己最感兴趣的工作。兴趣可以导致专注，甚至入迷，而这正是获得突出成就的重要动力。

吸收一些喜欢钻研有关操作技术、热心于技术革新活动的员工到技改小组、全面质量控制（total quality control，TQC）小组中来，不仅使他们的兴趣爱好有用武之地，而且可以激发参与感、归属感，增加其主人翁责任感。

业余文化活动是员工兴趣得以施展的另一个舞台。许多企业由工会出面，组织摄影、戏剧、舞蹈、棋类、书画、集邮、歌咏等兴趣小组或兴趣协会，使员工的业余爱好得到满足，增进员工之间的感情交流，使其感受到企业的温暖和生活的丰富多彩，大大增加了员工的归属感，满足了社交需要，有效地提高了企业的凝聚力。

（7）参与激励。怎样激发员工的主人翁责任感？办法只有一个，就是如实地把员工摆在主人的位置上，尊重他们，信任他们，把企业的底牌交给他们，让他们在不同层次和不同深度上参与决策，吸收他们的正确意见，全心全意地依靠他们办好企业。这在管理学中称为参与激励。通过参与，形成员工对企业的归属感、认同感，进一步满足自尊和自我实现的需要。

TQC 小组、员工参与班组民主管理、员工通过职工代表大会/企业管理委员会中的代表参与企业重大决策是目前我国员工参与企业决策和企业管理的主要渠道。其他常见的参与激励形式还有家庭访问、"诸葛亮会"、"花钱买批评"等。国内外企业普遍采用的奖励员工合理化建议制度也是行之有效的参与激励形式。

3. 批评激励

在管理实践中，大量违规行为和不良现象都可通过批评加以化解。批评是管理者最常用的武器，批评不像罚款和行政处分那样"无情"，它通过批评者与批评对象的语言和感情交流，帮助批评对象认识错误，产生信心，改正错误，从深层次上起到激励作用，化消极因素为积极因素。

1）明确批评目的

在进行批评之前，要明确批评的目的。在不同情况下，对不同对象进行的批评有不同的目的，例如，帮助批评对象认识行为可能或已经产生的有害结果；帮助批评对象下次不再犯同样的错误；帮助批评对象补救这次错误造成的不利结果；帮助批评对象认识错误的原因，并使之认识到本来可以把事情办得好些，从而恢复他的自信心。

2）了解错误的事实

明确了批评的目的，还需要了解错误的事实，才可正式进行批评。了解错误的事实，就是要知道错在何处、何时错的、如何发生的、何人做错的、为何会做错等。只有了解错误的事实，才可以在批评中有的放矢，才会使批评有说服力，不抽象笼统。

3）注意批评方法

（1）对事不对人。批评一个人，应是针对某一事而发，而不是针对某一人而发。针对一个人发出批评，可能使批评对象觉得领导者对自己全盘否定。此外，对人而发，好像一个人出了问题是和他的特性分不开的，而不是由于某种特殊原因，可能造成批评对象的反感，听不进去。相反，如果仅对问题而发，对某一事进行批评，并且说明根据对方的条件本来可以做得好些。这样一来，批评对象听起来舒服，容易接受，而且有信心去纠正问题。

（2）选择适当的用语。批评语言要尽量使对方感觉到你在帮助他，而不是在批评他。要在批评中给对方以启发，例如，用"如果是我的话，我会怎么做"去批评，其效果要比直截了当地指责"你的方法不对，路子不对……"好些。

（3）选择适当的场合。除非特殊情况，一般不提倡在公开场合"杀鸡儆猴"。因为这样容易使批评对象难堪，会损伤他的自尊心，从而极易引起反感。因此，要尽可能地在个别场合向对方指出问题所在，给予批评。选择适当的场合，这是指要在双方都能平静地坐下来讨论分析问题的时候进行批评。

（4）选择适当的批评时间。西方有些企业管理学家认为，不要在午饭前和下班后批评员工。午饭前的批评有时会引起批评对象的不快，因此不但会影响食欲、影响他的身体健康，而且有把不满情绪带到饭桌上，并在员工中蔓延的危险；在下班后，人们一般都急匆匆地赶回去，对批评不会十分留心，因此不会收到好的效果。

4）注意批评的效果

注意批评的效果是指批评者在批评过程中和批评结束时，要了解批评对象是否明白批评的目的，是否明白应该如何去做（错在何处，下次应该怎样才能避免重犯），还应注意批评后的检查。批评的目的在于帮助批评对象改正错误。因此，领导者的批评工作不应随着谈话的结束而中止。要使批评收到有效的结果，还要注意批评后的追踪检查，以避免重犯类似的错误。

4. 培训教育激励

员工的素质主要包括思想品德和业务技能两方面。通过教育和培训，提高员工的自身素质，从而增强他们自我激励的能力。

（1）通过提高思想品德调动员工积极性，是我国企业管理的优良传统，必须在新形势下发扬光大。对员工进行思想品德教育，可以帮助他们正确认识肩负的历史使命，使他们树立正确的人生观、价值观和道德观，形成崇高的理想和抱负，从而在工作中富于进取精神，积极努力，表现高昂的工作热情。

为了保证思想品德教育收到预期效果。领导者在进行这方面的工作时，要注意遵循下述基本原则：要坚持以经济建设为中心，使思想工作为经济建设服务，注意尊重和保护员工的个人隐私；要理论联系实际，防止空谈理论、空洞说教；要平等对待员工，坚持民主原则，防止以教育者或教训者自居；要注意批评与表扬相结合，但以表扬为主；要在提高员工思想认识的同时，切实解决员工在工作和生活中遇到的实际困难；不仅要教育别人，更应严格要求自己，要以身作则，用行动去影响员工。

（2）激发和培养员工的自我激励机制，还要注意专业知识和技术能力的培训。进取心与个人的业务素质是相互促进的。强烈的进取心会促使员工努力地掌握新的知识和工作技能，从而使个人素质更加完善。反过来，良好的业务素质使员工有较多的成功机会，能够带来较多的心理上的满足。成功及由此带来的心理满足的体验会促使员工追求事业的进步，从而激发他们努力去掌握更多的新知识和新技能。

为了促进员工素质的提高，从而增强他们的进取精神，领导者应根据企业经营和员工个人的特点有计划、有重点、有组织、有针对性地进行培训工作。例如，对于管理人员，既要注意通过理论学习，使他们掌握现代化管理的新知识和新方法，也要注意实践中的培养，提高他们解决和处理实际经营管理问题的能力；对于生产工人，既要注意文化知识教育，提高他们的文化水平，也要结合本职工作，进行作业方法改进训练或相关作业的基本技能训练，以提高他们的作业技能；对于工程技术人员，既要注意采取各种方式，使他们及时了解本学科发展动态，掌握学科发展的最新知识，也要注意让他们有更多的运用新知识的机会，以使他们利用掌握的最新科技知识为企业的技术、工艺材料、产品创新等作出贡献。有计划地派送员工到培训基地或学校脱产学习，到国外考察学习，这一行动本身就能有力地使员工感知组织对他的重视和期望，从而可极大地提高他们的责任心和积极性。

5. 工作生活质量计划

工作生活质量（quality of work life，QWL）计划是一种工作设计的系统方法，在工作丰富化的广泛领域颇有发展前景，其与社会技术系统的管理方法一脉相承。工作生活质量不仅是一种很广泛的工作丰富化的方法，而且是一个探究与活动的跨学科领域，与产业和组织心理学、社会学、产业工程学、组织理论与发展、激励与领导理论及工业关系等学科密切相关。虽然工作生活质量方法在 20 世纪 70 年代才崭露头角，但现在已有数以百计的案例研究和实际方案及一些工作生活质量项目中心，主要集中在美国、英国和斯堪的纳维亚等国家和地区。

工作生活质量计划得到多方面的大力支持。管理人员认为它是一种很有希望解决生产率停滞不前问题的方法，在美国和欧洲更是如此。员工和工会代表也认为它是一种改善工作条件和提高生产率的手段，并且是一种合理提高工资水平的方法。工作生活质量方法对政府机构也颇有吸引力，认为它是一种提高生产率和降低通货膨胀率的手段，也是一种获得产业民主和将劳资纠纷降到最低的方法。

在工作生活质量计划的实施过程中，人们通常需要遵循一些步骤，常见的是建立一个劳工管理指导委员会，通常由一名工作生活质量专家或职能人员担任领导，负责制定措施，通过工作丰富化和工作内容的再设计，提高员工的尊严，增强工作的吸引力，提高生产率。其中，员工及工会（如果运作单位组建工会）的参与至关重要，这不仅是体现产业民主的举措，而且因为人们在工作中最了解什么使他们的工作丰富化，并使他们有可能得到更多的实际利益。这种典型的工作生活质量计划方法更易于解决工作丰富化方案中所遇到的问题。

基于深思熟虑，劳工管理指导委员会可能提出一些有关工作设计和整个工作环境的变革建议。这些建议还可能扩展到企业的重组、改善沟通的手段等问题，以及一些以前从未出现过的问题和它们的解决办法，如通过装配线的重新设计等技术改进措施来改变工作安排、更好地进行质量控制、健全组织结构和提高生产率等。

6. 综合激励

除以上主要激励方法以外的其他辅助性激励方法如下。

（1）榜样激励。组织选择内部做法先进、成绩突出的个人或集体加以肯定和表扬，并要求其他个人或集体向其学习。

（2）危机激励。组织通过不断地向员工灌输危机观念，让员工明白生存环境的艰难，以及由此可能对员工自身工作、生活带来的不利影响，进而激发员工自发努力工作。

（3）环境激励。组织通过改善政治环境、工作环境、生活环境和人际环境，使员工在工作过程中心情舒畅、精神饱满。

3.2.3 克服沟通障碍的方法

1. 明了沟通的重要性，正确对待沟通

管理人员十分重视计划、组织、领导和控制，对沟通常有疏忽，认为信息的上传下达有组织系统就可以了，对非正式沟通中的"小道消息"常常采取压制的态度。上述各种现象都表明沟通没有得到应有的重视，重新确立沟通的地位是刻不容缓的事情。

2. 学会倾听

倾听是一种积极的、主动的、有意识的思考。

3. 重视反馈

信息接收者给信息发送者一个信息，告知信息已收到，以及理解信息的程度。反馈既可以是言语的，也可以是非言语的。

4. 克服认知差异

信息发送者应该使信息清晰明了。尽力了解沟通对象的背景，使用信息接收者容易理解的用词和组织信息。

5. 抑制情绪化反应

抑制情绪化反应最简单的方法是暂停沟通直到完全恢复平静。管理者应该尽力预期员工的情绪化反应，并做好准备加以处理。同时关注自己情绪的变化，以及这种变化如何影响他人。

6. 创造一个相互信任、有利于沟通的小环境

管理者不仅要获得下属的信任，而且要得到上级和同僚的信任。

7. 缩短信息传递链，拓宽沟通渠道，保证信息的畅通无阻和完整性

信息传递链过长，减慢了流通速度并造成信息失真，出路在于精简机构，减少机构重叠、层次过多的现象。此外，在利用正式沟通渠道的同时，可开辟高级管理人员至低级管理人员的非正式直通渠道，以便于信息传递。

8. 职工代表大会

每年一度的职工代表大会为领导者汇报工作提供了良机。领导者就企业过去一年取得的成绩、存在的问题以及未来的发展等重大问题通报全体员工，员工也可以就自己所关心的问题与领导者进行面对面的沟通和交流。

9. 工作组

当企业发生重大问题并引起上下关注时，管理人员可以授权组成临时的专题工作组。该工作组由一部分管理人员和一部分员工自愿参加，利用一定的工作时间，调查企业的问题，并向最高管理层汇报。最高管理层也要定期公布他们的报告，就某些重大问题或"热点"问题在全企业范围内进行沟通。

10. 加强平行沟通，促进横向交流

一般来说，企业内部的沟通以与命令链相符的垂直沟通居多，部门间、车间间、工作小组间的横向交流较少，而平行沟通能加强横向合作。具体来说，可以定期举行由各部门负责人参加的工作会议，相互汇报本部门的工作、提出对其他部门的要求等，以便强化横向合作。

11. 利用互联网进行沟通

管理者可以通过公众网站或专门网站与有关员工或全体员工进行信息沟通。

12. 改进书面沟通的建议

有效的书面沟通与其说是一种规则，倒不如说是一个例外，受过教育和高智商都不能保证良好的书面沟通。许多人热衷于使用那些只为同行专家所能理解的技术术语。书面沟通中的普遍问题是，撰写者在报告中省略结论，或把结论渗透在报告中，或行文拖沓、语法不通、用词不当、句子结构混乱以及单词拼写错误等。遵循以下指南可以极大地改进书面沟通效果：①使用简明的词汇和词组；②使用短语和人们熟悉的词汇；③尽可能使用人称代词（如"你"）；④提供图解和实例，使用图表；⑤使用短句和小段落；⑥使用主动语态（如"管理人员计划……"）；⑦避免使用赘言。

约翰·菲尔登特别建议，当撰写者拥有一定权力时，其写作风格要有强制性，措辞既彬彬有礼又坚决有力。当撰写者的地位比信息接收者的地位低时，以平铺直叙的写作风格为宜。当传递好消息和要求采取措施的说服请求时，可以采取私函的写作风格；当传递负面消息时，通常以非人称的写作风格为妥。撰写好消息、广告以及推销函件适宜采取既生动又多彩的写作风格。常用的业务往来信件可以采取公函的写作风格，不必文采飞扬。

3.2.4 抑制冲突的方法

1. 竞争策略

竞争策略又称强制策略，即为了满足自己的利益而无视他人的利益，是一种"我赢你输"的策略。这种策略很难使对方心悦诚服，并非解决冲突的好方法。但当一方在冲突中具有占

绝对优势的权力和地位，取得对方的接纳不是太紧要，或者有些重要议题存在时间压力，需要立刻解决时，竞争策略往往有其效用。

2. 合作策略

合作策略是指尽可能满足双方利益，代表了冲突解决中的双赢局面。合作是通过彼此公开而具诚意的沟通来了解双方的差异所在，并努力找出可能的双赢方案，以使双方都获得最大的可能利益，但前提是必须建立互信的基础。在冲突双方都有意寻求双赢的解决方案，或该项议题十分重要而无法妥协，且时间压力不大的情况下，合作可能是最佳策略。

3. 回避策略

回避策略是指既不合作又不坚持己见，既不满足自己利益又不满足对方利益的冲突解决策略。如果冲突本身不是太重要，或者冲突已经引发过度的情绪反应，回避策略可能在短期内很有效，但忽略对方的观点易遭对方非议，因此回避策略长期使用效果不佳。

4. 迁就策略

迁就策略又称克制策略，即当事人为满足他人的需求而抑制自己的需求。迁就策略通常是从长远角度换取对方的合作，或者屈服于对方的势力和意愿。

5. 妥协策略

妥协策略实质上是一种交易，又称谈判策略。它需要冲突双方各让一步，通过一系列的谈判、让步、讨价还价来部分满足双方的要求和利益。当冲突双方势均力敌、相持不下，或急于对某些议题取得一个暂时的解决方案，或面对很大的时间压力时，妥协可能为最佳策略。

6. 调解法

调解法是指冲突双方通过协商或谈判，订立一个协议或公约来解决冲突的办法。处理冲突的领导者应该是一个调解者。他首先应当充分倾听双方意见，了解情况，摸清双方分歧所在；其次分析双方意见的合理之处和共同之处；再次找寻更大范围内的共同目标与利益，并且提出建议，设法使双方协商，求同存异，实行妥协；最后根据新的目标拟定协议或公约，在领导者的监督下共同执行。协商之初，分歧可能很大，但随着协商的进行，一致性逐步扩大，以致最后消除分歧。

采用调解法解决冲突的前提是所要解决的问题是客观存在的，而不是冲突双方不合理的要求。调解法的好处是双方先不分谁是谁非，消极因素少；缺点是费时较长，见效较慢。总的来说，这是一种比较好的解决冲突的办法。

7. 互助法

互助法也是一种较好的解决冲突的办法。它是指冲突双方在第三者（专家和领导者）的协助指导下，通过充分讨论来解决冲突的办法。采用这种方法的关键是有一位精通业务的专家或领导者参与，其次是创造一种能使双方心平气和坐下来讨论问题的气氛。具备这两个条件，再复杂的问题和冲突都能得到比较好的解决。其步骤如下：首先，在专家的参与下，双方充分提出自己的观点和依据，并加以分析比较，从而确定一个共同的认识基础；其次，双方各自根据共同的认识，提出解决问题的方案，并由专家一起排列比较；最后，从中选择或者归纳出最合理的方案予以实施。

互助法的优点较多，主要是分歧能得到较彻底的消除，调动积极性的速度比较快，得出的新方案比较合理；缺点是处理过程颇长，耗用时间、精力颇多。实践证明，只要参加处理的专家和领导者具有足够的工作能力，其效果是甚为理想的。

互助法与前面方法的不同点如下：前面方法强调调解、折中、妥协、双方互相让步；互助法是寻求共同的认识基础，并以此作为边界条件，协力寻求合理的方案。

8. 裁决法

裁决法是指由握有权力的人或组织对冲突作出裁决的方法。这个方法的明显优势是简单、省力，无论多严重的冲突、多复杂的问题，只要权威者一出现，凭他几句话就可以裁决，被裁决者只能无条件服从。只有当权威者是一个有能力、公正、熟悉情况并明了事理的人时，裁决才可能是正确和公正的。反之，必然严重挫伤被裁决者的积极性。即使裁决正确，因为裁决时往往要判明是非，判非者自然不高兴，心里不服；判是者虽然高兴，但认为理所当然，也不会带来积极的后果。

除权威者裁决外，有时也利用抽签的办法来解决冲突。这种办法仅在冲突的双方或几方都认为很公正时，以及对各方成功和失败的概率相同时才适用。

裁决法在情况紧迫时有其特殊的作用。但是任何时候权威都不仅仅是权力，更重要的是经验、能力和人品。

9. 改组法

改组法的具体内容如下。

（1）吸收合并，以复制方式加以分离。例如，研究部门经常有些加工任务，如果总让生产车间进行加工就可能发生冲突。这时可以分配给研究部门一个小的加工单位，专门承接研究部门的加工任务，生产车间不再负责研究部门的加工任务。

（2）采用矩阵式组织将冲突表面化，让冲突者一起参与讨论解决冲突的过程。

（3）使冲突的岗位、人员相互轮换，以进行角色体验，加深彼此了解。

（4）调整个人职责，使分工单一，简化角色要求和角色冲突。例如，为减少科研和教学的矛盾，教师在某一阶段专门从事其中一项工作。

（5）利用缓冲物加以分离或利用连缀角色加以缓冲。例如，铸工车间和机工车间由于对毛坯质量标准的看法不同，要求不一，对某批毛坯是否合格产生分歧。如果他们直接对话，可能争执不下。通常的解决办法是他们不直接对话，由厂部建立的毛坯库、质量检查科或厂部调度人员作为中介，这样就减少了冲突。

10. 支配法

支配法是指冲突的一方利用自己手中的权力迫使冲突的另一方退却、放弃。支配可以是个人支配、联合支配或多数人支配。个人支配是指一个管理者可以利用职权将冲突的对手（一人或多人）革除职务，或进行其他的人事调动。联合支配是指几个人形成一个权力中心来支配别人或冲突的另一方。多数人支配是指管理人员致力于形成多数人一致的看法，使意见不一致的对方所拥有的力量小到可以忽视的程度，迫使对方退出冲突或保持沉默。但是，支配往往是针对具体人的，而冲突并不一定都是由某人引起的，所以人虽然受到了支配，但冲突并未真正得到解决。因此，此法虽简单，但往往效果不好，应当慎用，只宜不得已而用之。

11. 拖延法

拖延法是指拖延一些时间，使矛盾双方的情绪平静下来，问题的实质暴露更加清楚时再处理，这种方法也称为冷却法。

拖延法适用于对人的处理，但此法比较谨慎，不在风口浪尖上和双方气头上进行处理，而是冷却后再处理，更稳妥，副作用较小。

3.2.5 激发冲突的方法

1. 将冲突合法化

管理人员应当将鼓励冲突的信息传递给员工，并且采取支持性行动，以使冲突在组织中有其合法地位。例如，应该给那些敢于向现状挑战、提出不同意见或创新想法的员工以实际回报，如公开表扬、加薪、晋升等。

2. 适度引入外部的新鲜血液，刺激组织内部的竞争氛围

组织内部晋升制度能够激发组织成员的归属感和奋发向上的晋升斗志，但对于一些组织而言，这种"近亲繁殖"的方式可能导致组织内部处于一种停滞状态。外来者具有不同的态度、背景、价值观，虽然可能引发新旧成员间的意见冲突，但也常带来新的观点与创意，有利于组织内部的活力激发。

3. 安排组织结构

企业传统的组织结构，尤其是直线职能结构，特别容易诱发破坏性冲突，这对于企业目标的实现非常不利。因此，企业应该进行组织变革，变金字塔式的传统控制组织为扁平化的网状组织。企业进行变革的总体趋势是扩大管理幅度、减少管理层次、广泛引入工作团队，实现组织结构的扁平化、网络化、虚拟化。新型组织结构讲求平等、重视沟通，能够有效提高组织的建设性冲突水平，进而提升企业绩效。

3.3 管理实践案例

3.3.1 案例1

某公司已成为国内外知名的化学原料制造企业，它的巨大成功离不开其董事长的卓越领导，这不仅体现在他采取严格明确的管理方式，富有远见，坚定信念，也体现在他正确果断

的决策，不忘初心、坚守社会责任的人格魅力。

针对员工工作积极性不高、生产效率较低的问题，该公司董事长制定了非常清晰的股权激励制度，以激发员工工作热情，每个级别的员工按规定能获得不同数量的股票奖励，工龄较长、级别较高的员工可获授数万股，最多甚至能得到几十万股的分配奖励。股票的获得者能享有股票的分红和增值收益，但没有所有权，因此不能买卖所持有的股票，在离职时将由该公司回购其拥有的股票。在该公司内部，员工都以奋斗者的心态为公司、为客户创造价值，因此获得激励。大多数员工在分红后会利用分红款持有更多的公司股票，公司股票收益的增加也为其带来了大大超过工资的利益，在一定程度上刺激了员工更加努力地创造更大价值。

同时，面对国内原料制造技术落后、大部分专利被国外垄断的情况，董事长没有被短期利润、快捷赚钱所诱惑，没有被外界的质疑、嘲讽动摇，坚持走自主创新研发之路，不断加大研发投资力度，带领员工严控产品质量，大力创新丰富产品品种，通过多年潜心努力，最终研发制造出多种具有高技术含量和高品质的特殊化学材料，满足了客户的多样化需求，让公司赢得了国内外多家企业的信任和青睐，带来大量订单。

虽然该公司的市值已达数百亿元，但其董事长十分热衷于慈善和乡村振兴事业，非常关心员工的权益保障。他为员工提供了优厚的福利待遇和较高的工资薪酬，在员工生活遇到困难时总是尽己所能提供实质性的帮助，在员工生病时给予大量资金帮助，关心员工的个人生活情况，为员工举办集体婚礼。此外，他将自己名下的许多资产、数百亿元的资金陆续捐给了医疗、教育等多个行业。每当国内某个地区发生灾害，他总是积极地提供捐赠，向受灾地区伸出援手。在乡村振兴事业中，该公司董事长帮助当地居民户结合实际情况发展自己的产业，使当地居民的生活开启了新的篇章。该公司董事长的行为让他获得了外界普遍的尊重，无形中为公司树立了良好形象，而且在公司内部产生了积极影响，带动了公司员工和高层管理者的进步，形成了良好的工作氛围。

思考题

1. 什么是领导？请简述你的理解。
2. 该公司董事长运用哪些方式对员工进行激励？

3.3.2　案例 2

B 公司于 1987 年正式注册成立，2012 年起，成为全球第一大电信设备制造商，2016 年的销售收入达到 539.2 亿欧元（约 4200 亿元）。B 公司是靠什么成长起来的呢？《以奋斗者为本：华为公司人力资源管理纲要》一书表明，B 公司的生命力靠的是核心竞争力，来自它的核心价值观，即以客户为中心，以奋斗者为本，长期坚持艰苦奋斗。

以客户为中心是公司存在的根本意义。为客户服务是 B 公司存在的唯一理由，客户需求是 B 公司发展的原动力。B 公司坚持以客户为中心，快速响应客户的需求，持续为客户创造长期价值，帮助客户获得成功，而不是通过为客户服务赚钱，自己获得成功，成就自己。为客户提供有效服务，不追求公司的利益最大化。站在客户的立场上，比客户多想一步。有钱要大家赚，把利润分给产业链或上下游的合作伙伴，共生共赢。

以奋斗者为本，不仅是劳动者，还包括投资者，一切为客户创造价值、付出的人都是公司的奋斗者。他们首先具备刻苦学习的精神；然后具备"狼性"，狼有三大特性——敏锐的嗅觉，不屈不挠、奋不顾身的进攻精神，群体奋斗；最后是敬业奉献，具有自我批判的精神，以大局为重，始终保持危机感和使命感。他们不分职位高低，都是公司前进的带头人，是公司的火车头，他们做到了以客户为中心，以满足客户的需求为己任，具备一定的企业家精神。公司的考核、评价机制也向奋斗者、贡献者倾斜。这样的文化得以传承的基础是不让雷锋吃亏，奉献者定当得到合理的回报。

奋斗者与劳动者最大的区别是劳动者的待遇只能跟业界的待遇水平相比，而不能和 B 公司的内部标准相比。奋斗者要自愿舍弃一些东西，如加班费，但他们可以享有饱和配股。只有奋斗者才享有股权激励的资格，因此，识别奋斗者本身就形成某种内部竞争。对奋斗者以虚拟股票的方式进行激励，激励对象有分红权及净资产增值收益权，但没有所有权、表决权，不能转让和出售虚拟股票。在其离开 B 公司时，股票只能由 B 公司工会回购。B 公司的股权结构为 B 公司工会持股 98.7%，B 公司董事长持股 1.3%。B 公司采用饱和配股制，每个级别的员工达到上限后，就不再参与新的配股。员工最高职级是 23 级，工作 3 年的 14 级以上员工每年可获授数万股，较为资深的 18 级员工可以获得 40 万股左右的配股。员工离开 B 公司，工会按当年的每股净资产价格回购。股权激励的资金主要来源于两个方面：①银行贷款，B 公司员工以"个人助业"的名义获得的银行信贷支付购股款；②分红款，大多数 B 公司员工在分红后将红利用于购买新的股票，股票收益增长的幅度要比工资增长的幅度高得多。

B 公司不奖励辛苦的无效劳动。如果奋斗者很卖力，但是没有给客户创造价值，他的努力就是多余的。

资料来源：黄卫伟. 2014. 以奋斗者为本：华为公司人力资源管理纲要. 北京：中信出版社. 作者有改动。

思考题

1. 如何理解奋斗者？
2. 试分析 B 公司"以奋斗者为本"的激励体制。

3.3.3　案例 3

两个全心全意地开拓自己愿景的人推动了个人电脑的一场革命。然而，他们所进行的探索之路是不同的。史蒂夫·乔布斯和比尔·盖茨改变了当今这个世界做事的方法，关于他们领导风格的故事比苹果电脑公司和微软公司所取得的成功与创新更加引人注目。

1. 比尔·盖茨和史蒂夫·乔布斯：早期

比尔·盖茨与他孩提时代的朋友保罗·艾伦在西雅图市的一个名为湖边学校的地方开始了其开发电脑技能的生涯。盖茨在他 14 岁的时候，与艾伦成立了第一家电脑公司。高中毕业后，盖茨和艾伦离开西雅图前往波士顿，在那里，盖茨进入哈佛大学，艾伦开始在霍尼韦尔公司谋职。仅在哈佛大学 2 年之后，盖茨和艾伦离开波士顿去了阿尔伯克基，在那里为新款的 Altair8080 个人电脑开发计算机语言。这个计算机语言后来成了 BASIC 语言，为 1975 年创立的合伙制微软公司奠定了基础。

在新墨西哥州立足 5 年之后，微软公司于 1980 年移址到华盛顿州的贝尔维尤市，此时的微软公司已经掌握 BASIC 和另外两种计算机语言（COBOL 和 FORTRAN）工具。同年的晚些时候，IBM 公司开始开发它的第一台个人电脑，急需一种操作系统。微软公司为 IBM 公司开发了微软磁盘操作系统（MS-DOS），同时，另外两家软件公司推出了与其竞争的系统。盖茨的坚定决心和对其他软件公司开发操作系统的成功斡旋使得 MS-DOS 成为 IBM 公司的默认平台。

由于微软公司越来越成功，盖茨意识到他需要别人来帮助管理公司。他的热情、愿景和努力工作是公司快速成长的驱动力，但他更知道专业化管理的必要性。于是，盖茨引进了他在哈佛大学的同学史蒂夫·巴尔默。巴尔默从哈佛大学本科毕业后一直在宝洁公司工作，当时正在斯坦福大学攻读工商管理硕士学位。盖茨说服巴尔默离开学校加入微软公司。多年后，巴尔默成为对盖茨和微软公司都不可或缺的人。1983 年，盖茨继续展示其企业家的魅力，聘用乔恩·雪瑞利加盟微软公司。后者整顿了微软公司的秩序，调整了组织结构，与此同时，巴尔默成为盖茨的顾问和强有力的董事。20 世纪 90 年代，微软公司通过视窗操作系统市场持续着它的增长和繁荣，同时，通过微软办公软件支配着办公套件市场。

盖茨认识到，他的角色是给公司提供远景展望，所以他需要专业管理人员来经营微软公司。他将坚定不移的决心和激情与一个架构优化管理团队结合在一起，造就了当今微软公司这个全球的巨擘。

另一个远景规划者史蒂夫·乔布斯和他的朋友斯蒂夫·沃兹尼亚克于 1976 年在加利福尼亚州洛斯阿拉莫斯市乔布斯家的车库中成立了苹果电脑公司。与盖茨相比较，乔布斯和沃兹尼亚克是电脑硬件专家，拥有让个人电脑不仅用得起而且简单易用的梦想。当微软公司将 BASIC 语言提供给苹果电脑公司时，乔布斯立刻拒绝了，他认为，他和沃兹尼亚克在一个周末就能创造出他们自己版本的 BASIC 语言。这就是典型的乔布斯：果断但有时近乎疯狂。乔布斯最终同意特许使用微软公司的 BASIC 语言，同时继续开发自己的更便于在个人电脑上使用的友好界面系统。

许多人视乔布斯为盖茨的反对派。与盖茨相反的是，乔布斯是一位先驱者和创造者，而盖茨更像是一位产业标准的整合者。乔布斯的目标是用他的电脑来改变世界，他对其员工十分苛求。乔布斯与盖茨、艾伦和沃兹尼亚克大相径庭，他不是坚定的电脑程序员，是将个人电脑概念销售给大众的人。乔布斯决定改变苹果电脑公司方向的手段是开发一款使用新的图形用户界面的麦金托什机，并向全世界推出鼠标和屏幕上的图形命令符。乔布斯迫使人们在微软-IBM 操作系统和他的麦金托什操作系统之间做出选择。起初，乔布斯成为改变计算机世界的远景展望家，其苹果电脑公司令微软公司相形见绌。伴随这些成功，苹果电脑公司也出现了一个严重的问题：乔布斯过于自负，没有将盖茨和微软公司视为苹果电脑公司的一个重大威胁。

在麦金托什机投放市场不久，乔布斯要求微软公司为麦金托什操作系统开发软件。盖茨答应了这一要求,并实施了一个复制和改进苹果电脑用户界面的计划。这次合作的结果是微软视窗系统的问世。

乔布斯的傲慢态度和低劣的管理技能成为苹果电脑公司的威胁。他从不过问和制定预算,与员工的关系紧张。沃兹尼亚克由于与乔布斯意见相左,在麦金托什机投放市场后离开了苹果电脑公司。1985年,百事可乐的首席执行官约翰·斯库利取代乔布斯,成为苹果电脑公司的总裁和首席执行官。

2. 世纪之交的微软和苹果:一个产业巨人和一个东山再起的领导者

随着视窗、办公应用软件套件和互联网浏览器的成功,微软公司已成为一个家喻户晓的名字,盖茨被冠以企业天才美誉。微软公司的竞争对手、媒体和美国司法部对微软公司是一个垄断者的指控更增强了盖茨取得成功的决心。许多人质疑微软公司能否幸免于美国司法部的裁决。然而,盖茨已经证明,他是适应动态市场环境和技术变化的大师。

20世纪90年代,苹果电脑公司则朝相反的方向发展。过时的操作系统和锐减的市场份额最终导致对麦金托什机软件开发的减少。在这紧要关头,乔布斯于1998年重返苹果电脑公司,担任过渡时期的首席执行官。他的愿景再一次催生了创新的麦金托什机,其设计是经典的乔布斯型。早在20世纪80年代,他创造了便于操作的麦金托什机以吸引那些使用IBM个人电脑和兼容机的人。现在,他又开发了一款简单、时尚且易于上网的电脑,以此为电脑市场增添一些久违的刺激。乔布斯也变成了一个管理者和领导者,他变得更加成熟,能够听取专业人员的建议和想法。虽然是一个过渡时期的首席执行官,但他卖掉了所有的苹果电脑公司的股票,仅留下一股。许多人相信,这将使苹果电脑公司起死回生、走上持续成功之路,也将是盖茨和乔布斯之间一场新的争夺战的开始。

资料来源:哈罗德·孔茨,海因茨·韦里克. 2014. 管理学:国际化与领导力的视角. 英文版. 精要版. 9版. 北京:中国人民大学出版社. 作者有改动。

思考题

1. 比尔·盖茨和史蒂夫·乔布斯的领导风格有何不同?
2. 对照和比较比尔·盖茨与史蒂夫·乔布斯的管理做法。

第4章

控 制

4.1 基 本 概 念

控制是对组织活动或工作绩效进行主导、监督、纠偏的过程。

控制的基本概念还有如下表达形式。

（1）控制是指对组织内部的管理活动及其效果进行衡量和矫正，以确保组织的目标以及为此而拟定的计划得以实现。

（2）控制是指监控、比较和纠正工作绩效的过程。

（3）控制是指监督组织各方面的活动，保证组织实际运行状况与计划保持动态适应的过程。

（4）控制是指组织在动态的环境中为保证既定目标的实现而采取的检查和纠偏活动或过程。

（5）控制是指对绩效进行衡量和矫正，以确保企业目标以及为实现目标所制订的计划能够得以完成。

（6）控制是指检查工作是否按既定的计划、标准和方法进行，发现偏差，分析原因，进行纠正，以确保组织目标的实现。

4.2 基 本 方 法

4.2.1 确定控制标准的方法

1. 统计计算法

统计计算法即根据企业的历史资料或者对比同类企业的水平，运用统计学方法来确定企业经营各方面工作的标准。这种用统计计算法制定的标准便称为统计标准。制定该类标准所使用的数据可以来自本企业的历史数据，也可以来自其他企业的统计数据。

2. 经验估计法

经验估计法即根据管理人员的知识经验和主观判断来确定标准。这种使用经验估计法建立的标准称为经验标准。现实中，并不是所有工作的质量和成果都能用统计数据来表示，也不是所有企业活动都保存着历史统计数据。对于新近从事的工作或者缺乏统计资料的工作，企业可以通过有经验的管理人员或对该工作熟悉的人员凭借经验、判断和评估来为之建立标准。

3. 工程方法

工程方法即通过对工作情况进行客观的分析，并以准确的技术参数和实测的数据为基础而制定工作标准。使用工程方法建立的标准称为工程标准。严格地说，工程标准也是一种用统计方法制定的控制标准，只不过它不是利用历史统计数据制定的，而是根据客观分析和实测数据来制定的。例如，机器的产出标准是其设计者计算出来的在正常情况下被使用时的最大产出量等。

4.2.2 组织的控制方法

1. 层级控制

层级控制是指利用正式的章程、规则、政策、标准、科层权力、书面文件和其他科层机制来规范组织内部门和成员的行为并评估绩效。层级控制是多数中型和大型组织最基本的控制方式。

1）预算控制

预算控制就是根据预算规定的收入与支出标准来检查和监督各个部门的生产经营活动，以保证各种活动或各个部门在充分达成既定目标、实现利润的过程中对经营资源进行有效利用，从而使成本费用支出受到严格有效的约束。作为一种控制手段，预算控制是通过编制和执行预算来进行的。

由于不同企业的生产活动特点不同，预算表中的项目会有不同程度的差异。但一般来说，预算内容涉及以下方面：①收入预算；②支出预算；③现金预算；④资金支出预算；⑤资产负债预算。

（1）收入预算。收入预算和支出预算都是从财务角度计划和预测未来活动的成果以及为取得这些成果所需付出的费用。由于企业收入主要来源于产品销售，收入预算的主要内容是销售预算。销售预算是在销售预测的基础上编制的，即通过分析企业过去的销售情况、目前和未来的市场需求特点及其发展趋势，比较竞争对手和本企业的经营实力，确定企业在未来时期内为了实现目标利润必须达到的销售水平。

由于企业通常不止生产一种产品，这些产品也不仅在某一个区域市场上销售，为了能为控制未来的活动提供详细的依据，便于检查计划的执行情况，往往需要按产品、区域市场或消费者群（市场层次）为各经营单位编制分项销售预算。同时，由于在一年中的不同季度和月度的销售量往往不稳定，通常还需预计不同季度和月度的销售收入，这种预计对编制现金预算很重要。

（2）支出预算。企业销售的产品是在内部生产过程中加工制造出来的，在这个过程中，企业需要借助一定的劳动力，利用和消耗一定的物质资源。因此，与销售预算相对应，企业必须编制能够保证销售过程得以进行的生产活动的预算。关于生产活动的预算，不仅要确定为取得一定销售收入所需要的产品数量，而且要预计为得到这些产品、实现销售收入需要付出的费用，即编制各种支出预算。

首先是直接材料预算。直接材料预算是根据实现销售收入所需的产品种类和数量，详细分析为了生产这些产品，企业必须利用的原材料的种类和数量，它通常以实物单位表示，考虑库存因素后，直接材料预算可以成为采购部门编制采购预算、组织采购活动的基础。

其次是直接人工预算。直接人工预算需要预计企业为了生产一定量的产品需要哪些种类的工人，每种类型的工人在什么时候需要多少数量，以及利用这些工人劳动的直接成本是多少。

最后是附加费用预算。直接材料和直接人工只是企业经营全部费用的一部分。企业的行政管理、营销宣传、人员推销、销售服务、设备维修、固定资产折旧、资金筹措以及税金等也要耗费企业的资金。对这些费用也需要进行预算，这就是附加费用预算。

（3）现金预算。现金预算是对企业未来生产与销售活动中现金的流入与流出进行预测，通常由财务部门编制。现金预算只能包括现金流程中的项目：赊销所得的应收款在客户实际支付以前不能列入现金收入，赊购所得的原材料在向供应商付款以前也不能列入现金支出，需要今后连年分摊的投资费用却需要当年实际支出现金。因此，现金预算并不需要反映企业的资产负债情况，而是要反映企业在未来活动中的实际现金流量和流程。企业的销售收入、利润即使相当可观，但大部分尚未收回，或收回后被大量的库存材料或在制品所占用，它也不可能给企业带来现金上的方便。现金预算可以帮助企业发现资金的闲置或不足，从而指导企业及时利用暂时过剩的现金，或及早筹齐维持营运所短缺的资金。

（4）资金支出预算。上述各种预算通常只涉及某个经营阶段，是短期预算；资金支出预算则可能涉及若干阶段，是长期预算。如果企业的收支预算被很好地执行，企业有效地组织了资源的利用，利用这些资源得到的产品销售以后的收入就会超出资源消耗的支出，从而给企业带来盈余，企业可以利用盈利来进行生产能力的恢复和提高。由于这些支出具有投资的性质，对其计划安排通常称为投资预算或资金支出预算。资金支出预算的项目如下：①更新改造或扩充厂房、设备等生产设施；②增加品种、完善产品性能或改进工艺的研究与开发；③提高员工和管理队伍素质的人事培训与发展；④广告宣传、寻找顾客的市场发展；等等。

（5）资产负债预算。资产负债预算是对企业会计年度末期的财务状况进行预测。它将各部门和各项目的分预算汇总在一起，表明如果企业的各种业务活动达到预先规定的标准，在财务期末企业资产与负债会呈现何种状况。作为各分预算的汇总，管理人员在编制资产负债预算时虽然无须做出新的计划或决策，但通过对预算表的分析，可以发现某些分预算的问题，从而有助于采取及时的调整措施。

通过分析流动资产与流动债务的比率，可能发现企业未来的财务安全性不高、偿债能力不强，要求企业在资金的筹措方式、来源及其使用计划上作相应的调整。

通过将本期预算与上期实际发生的资产负债情况进行对比，还可能发现企业财务状况会发生哪些不利变化，从而指导事前控制。

预算控制其实是将企业的战略计划落到实处，从而指明了组织活动的方向，能够有效地协调组织内各方面、各环节的业务活动；用数量形式的预算标准来对照组织活动的实际效果，有利于绩效评估工作，使绩效管理更加客观、可靠。

预算控制也有局限性。一方面，预算只能帮助企业控制那些可以计量的特别是可以用货币单位计量的业务活动，但对那些不能计量的企业文化、企业形象、企业活力等的改善难以控制，这些因素可能对企业的成功起到关键作用。另一方面，编制预算时通常参照上期的预算项目和标准，对本期活动的实际需要可能估计不足，容易造成资源不足或浪费。此外，组织的外部环境是不断变化的，这些变化会影响组织获取资源的成本支出或销售收入的实现，这些变化可能在编制预算时很难预测，从而使预算变得不合时宜。

2）审计控制

审计控制是指对反映组织资金运动过程及其结果的会计记录及财务报表进行审核、鉴定，以判断其真实性和公允性，从而起到控制的作用。审计是一项较独立的经济监控活动，分为外部审计、内部审计和管理审计。

（1）外部审计。

外部审计是由组织外部的机构（如会计师事务所）选派审计人员对组织财务报表及其反映的财务状况进行独立的检查和评估。为了检查财务报表及其反映的资产与负债的账面情况与组织真实情况是否相符，外部审计人员需要抽查组织的基本财务记录，以验证其真实性和准确性，并分析这些记录是否符合公认的会计准则和记账程序。

外部审计实际上是对组织内部虚假、欺骗行为的一个重要而系统的检查，有利于揭发组织中存在的舞弊、虚假等违法、浪费或不经济行为，因此具有制约虚假、鼓励诚实的作用。另外，由于审计是由组织外部的机构实施的，外部审计人员与组织管理当局不存在依附关系，也不会受到管理当局的影响，外部审计还可以保证审计的独立性和公允性。

（2）内部审计。

内部审计是由组织内部的机构或由财务部门的专职人员独立进行的，其目的是为组织内部控制提供一种手段，以检查和评价各项控制的有效性。内部审计不仅要像外部审计那样核实财务报表的真实性和准确性，而且要分析组织的财务结构是否合理；不仅要评估财务资源的利用效率，而且要检查和分析组织控制系统的有效性；不仅要检查目前的经营状况，而且要提供改进这种状况的建议。因此，内部审计是对其他控制形式的总控制。

内部审计能够督促包括会计资料在内的各种管理信息真实、正确、合理、合法，推动各项内部控制制度的健全适用和有效实施，从而维护组织财产的安全，促成管理目标的实现。

外部审计和内部审计都有其局限性。外部审计对于组织控制过程的作用主要是间接的，由于外部审计人员不了解组织的内部结构、生产流程的经营特点等，在具体业务的审计过程中可能遇到一些困难。内部审计耗费很大，对内部审计人员的要求也比较高。

（3）管理审计。

管理审计的对象和范围则更广，它是一种对企业所有管理工作及其绩效进行全面系统的评价和鉴定的方法。管理审计虽然也可由组织内部的有关部门进行，但为了保证某些敏感领域得到客观的评价，企业通常会聘请外部专家来进行。

管理审计的方法是利用公开记录的信息，从反映企业管理绩效及其影响因素的若干方面将企业与同行业其他企业或其他行业的著名企业进行比较，以判断企业经营与管理的健康程度。企业管理绩效的影响因素主要有经济功能、企业组织结构、收入合理性、研究与开发、财务政策、生产效率、销售能力、对管理当局的评估。

管理审计在实践中遭到许多质疑，其中，比较重要的意见是认为这种审计过多地评价组织过去的努力和结果，而不致力于预测和指导未来的工作，以至于有些企业在获得了极好评价的管理审计后不久就遇到严重的财政困难。尽管如此，管理审计不是在一两个容易测量的活动领域进行比较，而是对整个组织的管理绩效进行评价，因此它可以为指导企业在未来改进管理系统的结构、工作程序和结果方面提供有用的参考。

3）财务控制

财务控制是指对企业的资金投入及收益过程和结果进行衡量与校正，以确保企业目标及为达到此目标所制订的财务计划得以实现。具体的方法是将企业资产负债表和收益表等报表资料上的相关项目进行比较，形成一系列比率，这些比率体现相关度量数据间的内在关系，通过相互对照分析既能反映企业财务存在的问题，也能反映企业的财务状况和经营成果。常用的比率可以分为三类。

（1）偿债能力比率。偿债能力是指组织应付应偿债务的能力。组织必须具备足够的应付应偿债务能力，但又不可留有过多的闲置资金，以免造成资金的浪费。常用的偿债能力比率有流动比率、速动比率、资产负债比率等。

流动比率是企业流动资产与流动负债的比率，它用以衡量企业流动资产在短期债务到期以前可以变为现金用于偿还流动负债的能力，即短期偿债能力。

速动比率也称为酸性测试比率，是企业速动资产与流动负债的比率。速动资产是指流动资产与存货等流动性较差的资产的差额。速动比率反映企业流动资产中可以立即用于偿付流动负债的能力。

资产负债比率是企业负债总额与资产总额的比率，即在企业全部资产中负债总额占多大比例。资产负债比率反映企业利用债权人提供资金进行经营活动的能力，也可以衡量债权人借出资金的安全程度。

（2）盈利能力比率。盈利能力比率是组织的获利性指标，它反映了组织的盈利能力和经营业绩。企业具有较强的盈利能力，对于实现投资者的投资获利目的、保障债权人本金的偿还和利息的支付、衡量经营者的经营业绩都是非常重要的，因此，盈利能力比率是重要而常用的控制指标。常用的盈利能力比率有总资产收益率、销售利润率。

总资产收益率是企业在某个经营时期的利润总额与该期占用的全部资产的比率，它反映企业是否从全部投入资金的利用中获得了足够的利润，是衡量企业资金利用效果的一个重要指标。

销售利润率是销售净利润与销售总额的比率，它反映企业从一定时期的产品销售中是否获得了足够的利润。

（3）营运能力比率。营运能力比率是反映组织对其现有经济资源利用效率的指标，它是衡量企业整体经营能力的一种方法。营运能力对企业的偿债能力和盈利能力都有重要影响。常用的营运能力比率有存货周转率、应收账款周转率、市场占有率等。

存货周转率是销售成本与平均存货的比率，它是衡量与评价企业销售能力和管理存货效率的指标。存货周转率反映了企业存货在一定时期内的使用状况和利用程度，即存货的利用效率。

应收账款周转率是企业赊销收入净额与平均应收账款余额的比率，它是衡量企业收回应收账款效率的指标。应收账款周转率反映了企业应收账款的流动速度，与企业采取的信用政策有关。

市场占有率又称市场份额，是企业的主要产品在该种产品的市场销售总额中所占的比例，它反映了企业在变动的市场中所占有的份额。

4）损益控制

损益控制是指根据企业或企业中的独立核算部门的损益表，对其管理活动及其成效进行综合控制的方法。企业的损益表中列出当期企业各类活动的收支状况及利润。利润是反映企业绩效的综合性指标，损益表记录了影响利润变动的一些信息。若当期利润指标与预算利润水平发生偏差，则应分析使利润发生偏差的各个项目，以寻求原因，制定相应的纠偏措施。

损益控制也有不足之处，它是一种事后控制。事后控制无法改善前期工作，但能为后期工作提供借鉴。由于许多事项不一定能反映在当期的损益表上，如某项活动的失误（如投资于不良项目）、外部环境的变化等，仅由损益表不能准确判断利润发生偏差的主要原因。

5）投资回报率控制

投资回报率控制是指用资本投资与收益的比率来衡量企业或企业内部门的绝对和相对成效。投资回报率的衡量方法一直是杜邦公司控制系统中的核心部分。投资回报率是衡量一家企业所投入的资本能够赢得收益的尺度。因此，这个工具不把利润看作绝对的指标，而是将其视为企业运用资本的所得。同样，企业的目标未必是追求利润的极大化，而是投资于企业的资本回报的最大化。这一控制方法确认了一个基本事实，即资本对任何企业都是一个关键因素，而资本的稀缺性足以限制企业的发展。这一控制方法也强调了这样一个事实，即主管的职责就是要竭尽全力、充分运用托付给他们的资产。

6）按贴现计算收益率

贴现是企业向银行取得贷款的一种形式。企业或者个人为了早日取得现金，持未到期的票据（如汇票）向银行请求贴现，银行按照市场利率从票面金额中扣除自贴现日起至票据到期日止的利息后，将现金付给请求贴现的企业或个人。具体贴现值计算如下：

$$贴现值 = 票据到期金额 / (1 + 利率)^n \tag{4-1}$$

式中，n 为单位时间数。

按贴现计算收益率方法是把式（4-1）中的利率改成收益率，然后使等式左边为收益率，得到

$$收益率=（票据到期金额/贴现值）^{1/n}-1 \qquad (4-2)$$

利用式（4-2）可以对投资进行控制。例如，目前有现金 10 万元，如果对某项事业投资，预计 1 年后能收回 20 万元，那么可以利用式（4-2）计算出收益率为 100%。把这个收益率同正常情况下的收益率进行比较，如果这个收益率高于正常情况下投资的收益率，那么这项投资就是有利的，否则就不应该投资。这种控制投资的方法是比较科学的，它包括资金使用的时间价值。

2. 市场控制

市场控制是指组织借助经济的力量，通过价格机制来规范组织内部门（单位）和员工的行为。市场控制的动因是企业内部组织管理成本过高。

企业内部的市场控制有三个层次，分别是公司层次、部门层次和个人层次。

首先，在公司层次上，市场控制通常用于规范独立的事业（业务）部门，每个事业（业务）部门都是利润中心，企业高层管理人员一般使用盈亏指标对事业（业务）部门进行绩效评估。

其次，部门层次的市场控制表现为企业内部交易。转移定价就是企业运用市场机制调整内部交易的一种方法。转移价格就是企业内部不同事业（业务）部门之间进行交易时确定的内部价格。当外部市场竞争引起市场价格下降时，企业内部的转移价格应该不高于外部市场价格。这样，转移价格的市场控制就增加了各事业（业务）部门成本控制的压力，推动各事业（业务）部门通过从企业外部获取资源（即外包）来降低成本，同时激发内部挖潜的活力。例如，培训和开发既可以由企业内部的人力资源部门来做，也可以由企业外部的咨询机构来做。近些年来，转移定价是跨国公司在全球范围内配置资源、避免高税收、应对东道国政府以获取高额利润的一种重要手段。

最后，个人层次上的市场控制常常表现为激励制度和工资制度。激励和工资是劳动力报酬的市场价格，通常是员工潜在价值的最好量度，以市场为基础的控制可以刺激员工不断提高自己的技能，使有较高经济价值的人更快地晋升到较高的职位。市场控制符合当今人力资源管理的趋势，即不是简单地提高员工福利，而是更加重视提高员工的可就业能力。首席执行官的股票期权在本质上就是一种市场控制的方法，如今首席执行官一半以上的薪酬要依靠长期的突出业绩。阿里巴巴的合伙人制度、深圳万科集团的事业合伙人制度都是个人层次上的市场控制，都取得了颇具影响力的效果。

3. 团体控制

团体控制是指将个体融入团体之中，将个人的价值观与组织的价值观和目标相统一，通过组织的共同行为范式来实现组织成员的自我约束和自我控制。

有效的团体控制需要构建创新的组织文化。根据有关研究，创新的组织文化具有多个特征：挑战和参与、自由、信任和开放、创意时间、乐趣和幽默、冲突的解决、辩论、冒险。

有效的团体控制还需要创建响应顾客需求的文化。为此，组织应当取消僵化的规章制度

和程序，清晰地阐述对顾客的承诺，遴选具有合适性格和态度的员工，为员工持续提供产品知识、沟通技能等培训，赋予员工尽可能多的决策权，使员工能够在第一时间为顾客提供满意的服务。

有效的团体控制还需要创建良好的职场精神。职场精神是组织文化的一部分，员工通过在集体环境中从事有意义的工作来获得对企业愿景和使命的感知。拥有良好职场精神的组织具备五个特征：强烈的使命感、对个人发展的关注、信任和开放、向员工授权、对员工意见的包容。

4. 成本控制

1）成本分配方法

（1）直接成本分配方法。直接成本是指能够容易和准确地归属到成本对象的成本，即成本可采用追溯法来分配。成本分配的追溯法有两种：直接追溯法和动因追溯法。直接追溯法是指将与某一成本对象存在特定或实物联系的成本直接确认分配至该成本对象的过程，这一过程通常可以通过实地观察来实现。但在实际工作中，采用实地观察方法得出某一成本对象所消耗资源的准确数量既不现实也不可能，所以需要动因追溯法。动因追溯法尽管不如直接追溯法准确，但如果因果关系建立恰当，成本归属仍有可能达到较高的准确性。动因追溯法使用两种动因类型来追溯成本：资源动因和作业动因。资源动因计量各作业对资源的需要，用以将资源成本分配到各个作业上；作业动因计量各成本对象对作业的需求，并被用来分配作业成本。

（2）间接成本分配方法。间接成本是指不能容易地或准确地归属于成本对象的成本。间接成本不能追溯到成本对象，即在成本与成本对象之间没有因果联系或追溯不具有经济可行性。把间接成本分配到各成本对象的过程称为分摊。由于不存在因果关系，分摊间接成本就建立在简便原则或假定联系的基础上。在实际工作中，最好的成本计算策略可能是只分配直接（即可追溯的）成本。如果满足某些要求，需要分摊间接成本，至少应当分开报告直接成本和间接成本的分配结果。

2）成本控制的步骤

（1）建立成本控制标准。标准成本制度在单位产品的基础上预计数量和成本，包括人工、材料和制造费用的预算。因此，标准成本就是为生产一件产品或提供一项服务所应花费的成本。

历史经验、工程研究及生产操作人员的意见是数量标准的三个潜在来源。历史经验虽然能为制定标准提供初始的依据，但采用历史数据得出的投入–产出关系很可能导致低效状况长期持续。工程研究能确定最有效的运作方式，并能提供严格的指导，但工艺上的标准往往过于严格，操作人员很可能无法达到。由于标准最终需由执行人员去实践，他们在标准制定中具有重要作用。参与管理不仅使所制定的标准切实可行，而且可以激发参与者的积极性，改进标准。

标准一般可分为理想标准与现实可实现标准两类。理想标准要求效率最大化，只有在完美无缺的情况下才能达到。现实可实现标准则是在高效运作的条件下能够达到的标准。它允许存在正常的机器故障、生产中断和技能不完善等状况。在实际工作中，人们一般制定可实现的、具有挑战性的标准。

（2）核算成本控制绩效及分析成本发生偏差的调查。为了及时控制成本支出，在成本形成过程中，要依据控制标准对发生的成本费用进行检验、监督，与标准成本作比较分析，及时发现偏差量，以判断成本控制的绩效。成本核算频度应由企业的经营性质具体确定。

预算差异是实际成本与计划成本之间的差额。在标准成本制度下，预算差异分解为价格差异和用量差异。用 SP 代表某项投入的标准单位价格，SQ 代表实际产量下的标准投入数量，则计划或标准的投入成本是 SP · SQ；用 AP 代表单位投入的实际价格，AQ 代表投入的实耗数量，则实际投入成本是 AP · AQ。若投入的实际价格或用量大于标准价格或用量，则出现不利差异；若发生相反的情况，则出现有利差异。有利差异和不利差异并不等价于良好的差异和不良的差异。差异到底是良好的还是不良的取决于差异发生的原因，这需要管理人员认真分析。

由于调查差异产生的原因并采取改进措施将会产生相关成本，从总体上说，只有在预期收益大于预期成本时才进行调查。评估差异调查的收益与成本并非一件简单的事。现实中，管理人员既要判断偏差的性质（质的分析），又要判断偏差的范围（量的分析）。一般来说，要解决的问题可分为四类：①常见的问题；②表面上看是一个特殊事件，实质上是一个普通的常见问题；③一般性问题的首次出现；④真正的例外及特殊事件。

事实上，除第四类真正的例外及特殊事件以外，所有问题都只需具有普遍意义的解决办法，即一条规则、一项政策、一个原则，一旦建立了真正的原则，所有同类问题都可得到解决。虽然这样做对解决问题很有效，但判断问题的性质常常具有一定的风险。同时，管理人员可借助成本控制预警系统来确定控制可接受范围。若质的分析判断该偏差具有重复发生的可能性，即使量的分析得出该偏差并未超出可接受的范围，管理人员也要进行调查和采取改进措施，这是因为成本具有分摊性。若质的分析判断该偏差是一个特殊问题，则考察其量是否超出可接受的范围，只有在差异超出控制上限或下限时才进行调查和采取措施。

管理人员如何确定可接受范围呢？可接受范围等于标准加上或减去可容许偏差。可接受范围的上、下限称为控制界限，控制上限等于标准加上可容许偏差，控制下限等于标准减去可容许偏差。虽然正规的统计程序可以用于确定控制界限，但现实中绝大多数企业管理当局是根据过去的经验、直觉和判断来确定可容许偏差的。因此，对偏差的质与量的分析依赖于管理当局以及执行人员的经验、直觉和判断。

（3）采取纠偏措施。根据偏差原因的分析，制定相应的纠偏措施，并落实到具体部门和执行人员。

做好企业成本控制工作，不断降低企业的经营成本，是提高企业竞争力，从而提高企业经济效益的最直接有效的手段。控制成本，减少企业价值活动过程中的一切浪费，是精益生产的精髓。

5. 标杆管理

标杆管理是指以在某一项指标或某一方面实践上竞争力最强的企业或行业中的领头

企业或其内部某部门作为基准,将本企业的产品、服务管理措施或相关实践的实际状况与这些基准进行定量化的评价、比较,在此基础上制定与实施改进的策略和方法,并持续不断反复进行的一种管理方法。标杆管理设定的目标应既具有一定的挑战性,又具有相当程度的可行性。由于标杆管理与控制的内容和性质非常相似,可以将标杆管理看作一种控制方法。

通常标杆管理的步骤如下。

(1)确定标杆管理的项目、对象,制订工作计划。

(2)进行调查研究,收集资料,找出差距,确定纠偏方法。

(3)初步提出改进方案,并修正和完善该方案。

(4)实施该方案,并进行监督。

(5)总结经验,并开始新一轮的标杆管理。

标杆管理也有不足之处:一是可能引起本企业与目标企业的全面趋同,没有了本企业的任何特色,即失去了推行差异化战略的机遇;二是容易使企业落入"落后→推行标杆管理→再落后→再推行标杆管理"的恶性循环。事实上,在落后的情况下,跨越式的战略比追赶式战略可能更有效。

6. 平衡计分卡

企业、非营利组织以及政府部门广泛应用平衡计分卡,以确保组织经营活动与其愿景和战略相一致,以及组织内部与外部沟通的改进。因此,平衡计分卡不仅用于控制,而且用于战略规划和日常管理。要实现企业愿景和战略,人们需要考虑四个视角:①学习和成长,涉及目标、标准、任务和措施;②内部业务流程,提示企业产品和服务是否满足与企业使命相一致的消费者要求和期望;③消费者满意度,虽然财务指标令人满意,但是消费者不满意可能是揭示未来问题的一个主要指标;④财务,无须赘言,财务视角很重要,但是不能顾此失彼,忽视其他视角。

平衡计分卡侧重宗旨和目标的重要性以及计划与控制之间的紧密关系。此外,平衡计分卡强调整个管理流程的重要性,将内部优势和劣势与外部机遇和挑战有机地整合在一起。同时,平衡计分卡强调了满足或超过消费者对企业产品和服务的预期和满意度的重要性。

4.2.3 人员行为的控制方法

1. 鉴定式评价方法

鉴定式评价方法是最简单最常用的人员绩效评价办法。具体做法如下:评价者写一篇针对被评价者长处和短处的鉴定,管理者根据这种鉴定给予被评价者一个初步的估计。这种方法的基本假设是评价者确切地知道被评价者的优缺点,对他有很好的了解,并且能够客观地撰写鉴定。然而,在实际工作中,上述基本假设有时并不完全满足。此外,由于鉴定的内容不同,标准也不一致,这种方法只能给人初步的估计,完全依赖这种方法往往会造成评价的失误。这种方法适用于调换或任免等人事决策工作。

2. 实地审查方法

实地审查方法往往是复查的一种手段。具体做法如下：当通过其他方法对被评价者有了初步的估计之后，为了核实这种估计的准确性，到被评价者所在单位或工作现场实地调查了解。这时要召集当地评价者共同讨论，确定评价的统一标准。对于这些评价者的不同意见加以审查。管理者在实地审查时能够发现这些评价者的宽严态度，从而对被评价者有更加深入的了解。但是这种方法将耗费相当多的时间和精力，只适用于重要的人事决策工作。

3. 强选择列等方法

强选择列等方法是为了克服偏见和主观意念，建立比较客观的评价标准。具体做法如下：管理者列出一系列有关被评价者的可能情况，让评价者在其中选择最适合被评价者的条目，并打上标记。管理者据此加权评分，得分高者就是好的，得分低者就是差的。这种方法比较准确，但它只适用于性质类似或标准的工作，超出这个范围其准确性将大为降低。

4. 成对列等比较方法

成对列等比较方法的要点是对被评价者两两进行比较，即每个人都同所有的人比较，然后按照某种评价标准进行选择，如被评价者一年来对企业的贡献或在工作中的开拓和进取精神等。在两两比较时，选择较好的被评价者并打上标记。当全部被评价者比较完毕时，标记最多者就是根据所定标准选出的最出色者，而无标记者则是最差者。表 4-1 是一种实用的选择表格，根据该表格就能准确地确定该组员中李某某是最佳者，而周某某是最差者。但是这种方法有一个缺陷，就是比较标准只是单一项。如果有多种标准进行综合衡量，那么只能对每种标准都进行一次比较，然后为每个标准指定一个权数，最后进行加权比较来确定次序。这样就使工作量进一步加大，在被评价者较多时更是如此。此外，这种方法由于依据主观的判断进行，可能产生较大误差，这时最好由几个人同时单独进行评价工作，最后取平均值以减少误差。这种方法同强选择列等方法都适用于评定工资、奖金等方面。

表 4-1　成对列等比较方法

	1. 赵某某	2. 钱某某	3. 孙某某	4. 李某某	5. 周某某	6. 吴某某
1. 赵某某	1					
2. 钱某某	1	2				
3. 孙某某	1	3	3			
4. 李某某	4	4	4	4		
5. 周某某	1	2	3	4	5	
6. 吴某某	1	2	3	4	6	6

注：评价标准为在工作中的创新能力，5 号被标记次数最少，能力最低；4 号被标记次数最多，表现最为突出。

5. 偶然事件评价方法

采用偶然事件评价方法时，管理人员要持有一份记录表，随时记录员工积极或消极的偶然事情，根据这种记录以便定期对员工的工作绩效进行评价。根据这种偶然事情进行评价比较客观，关键是能否把员工的所有偶发事项全部记录下来。另外，员工都有各种责任制，如果责任制所规定的工作标准得到员工的赞同，这种方法就能有效地调动员工的积极性，否则，员工还会有不公平感。这种方法和目标管理配合使用，可以有效地监控员工的工作。

4.2.4 质量控制方法

1. 全面质量管理方法

根据国际标准化组织的界定，全面质量管理是指一个组织以质量为中心，以全员参与为基础，通过让顾客满意和本组织所有者、员工、供方、合作伙伴或社会等相关者受益而达到长期成功目的的一种管理途径。

全面质量管理的基本要求是"三全一多"，即全过程的质量管理、全员的质量管理、全组织的质量管理和多方法的质量管理。

全过程的质量管理强调，最终顾客对产品质量的评价是以产品适用程度、使用时间的持久性以及使用的稳定性为依据的，因此，企业要以顾客满意为基准，规划质量目标、制定质量标准，不断提高产品的适用度。任何产品或服务的质量都有一个产生、形成和实现的过程，这个过程由多个相互联系、相互影响的环节组成。为保证和提高质量，必须把影响质量的所有环节和因素控制起来，形成一个综合性的质量管理体系，以实现质量的持续改善。

全员的质量管理意味着质量控制要扩展到组织的所有人员。产品或服务质量是企业各层次、各部门、各环节工作质量的综合反映，因此，质量管理要全员参与，人人有责。为此，组织就要做好全员的质量教育和培训工作，树立"质量第一，人人有责"的意识。同时，组织要制定各层级、各部门和各员工的质量责任制，形成一个高效、协调、严密的质量管理工作系统。

全组织的质量管理要求从组织的纵、横两方面来保证质量的不断提升。纵向的质量管理意味着质量目标的实现需要组织高层、中层、基层的通力协作，尤其是高层管理者的全力以赴将起到决定性作用；横向的质量管理要求企业必须将研制、维持和改进质量的所有活动构成一个有效整体，以保证和提高产品或服务的质量。

多方法的质量管理是指应用数理统计方法等一切可以运用的方法。随着现代科技的发展，质量管理工作已形成多样化的方法体系，如PDCA循环、分层法、因果分析法、价值工程法等；数理统计方法包括直方图、控制图、散布图、优选法等；新工具有系统图法、关联图法、矩阵图法、过程决策程序图（process decision program chart，PDPC）法等。质量管理过程中，要综合运用各种方法和技术手段，真正做到程序科学、方法灵活、成效显著。

全面质量管理的基本方法是PDCA循环，包括计划、实施、检查、处理四个阶段。在全面质量管理中，通常把PDCA循环四阶段进一步细化为八个步骤：①分析和评价现状，以识别改进的区域；②确定改进的目标；③寻找可能的解决办法，以实现这些目标；④评价这些解决办法并做出选择；⑤实施选定的解决办法；⑥测量、验证、分析和评价实施的效果，以确定这些目标已经实现；⑦正式采纳更改；⑧必要时对结果进行评审，以确定进一步改进的机会。

PDCA循环可以反复使用，大环套小环、小环保大环，相互衔接、相互促进，不断推进质量改进过程。熟练掌握和灵活运用 PDCA 循环方法对于提高质量管理体系运行的效果和效率十分重要。

2. 六西格玛管理方法

六西格玛管理方法是一种建立在统计标准基础上，被设计用来减少瑕疵率，以帮助降低成本、节省时间和提高顾客满意度的质量控制方法。

六西格玛管理的宗旨是消除无增值活动，缩短生产周期，提高顾客满意度。其指导思想是重视从组织整体的角度，站在顾客的立场上考虑问题，采用科学的方法，在组织经营的所有领域追求无缺陷的质量，最大限度地降低组织的经营成本，提高竞争力。该方法将组织的注意力同时集中在顾客和组织两个方面，有利于降低成本和产品缺陷率，有利于缩短生产周期，有利于提高市场占有率和投资回报率，有利于提高顾客满意度。

六西格玛管理的六个原则如下：①高度关注顾客需求；②依据数据和事实管理；③重视流程的改善；④开展主动改进型管理；⑤无边界合作；⑥追求完美但容忍失败。

组织实施六西格玛活动的一个关键问题是创建一个致力于流程改进的专家团队，并确定团队内的各种角色及其责任，形成六西格玛组织体系。六西格玛组织通常由高层领导者、倡导者、黑带大师、黑带、绿带、业务负责人等成员构成，他们各负其责，共同实现预期目标。

高层领导者是成功推行六西格玛管理的关键因素。成功的六西格玛管理有一个共同的特点，就是高层领导者的全力支持。高层领导者必须深入了解、高度认同六西格玛管理对于企业的利益，以及实施项目所要达到的目标，热情支持并积极参与，在企业内倡导一种旨在不断改进的变革氛围。

倡导者发起和支持六西格玛项目，是六西格玛管理的关键角色。倡导者通常是组织推行六西格玛领导小组的成员或者中层以上的管理人员，其工作通常是从战略视角对六西格玛管理进行全面的战略部署、项目策划及目标确定、资源分配与过程监控，最终对六西格玛项目整体负责。

黑带大师是六西格玛管理的高级参谋兼专家，是运用六西格玛管理工具的高手。其主要职责如下：①担任培训师，培训黑带，确保他们掌握适用的工具和方法；②为黑带和绿带的六西格玛项目提供指导；③协调和指导跨职能的六西格玛项目；④协助管理层选择和管理六西格玛项目。

黑带是六西格玛管理中最重要的角色，他们专职从事六西格玛项目，是成功完成六西格玛项目的技术骨干，是六西格玛组织的核心力量。黑带的主要职责如下：①领导六西格玛项目团队，实施并完成六西格玛项目；②向团队成员提供适用的工具与方法培训；③识别过程改进机会并选择有效的工具和技术实施改进；④向团队传达六西格玛管理理念，建立对六西格玛管理的共识；⑤向管理层报告六西格玛项目的进展；⑥将通过六西格玛项目实施获得的知识传递给组织和其他黑带；⑦为绿带提供项目指导。

绿带是黑带项目团队的成员或较小项目的团队负责人，他们接受六西格玛技术培训的项目与黑带类似，但内容层次略低。绿带接受培训后，其作用是把六西格玛的新概念和工具带到组织的日常工作中。其主要职责如下：①建立绿带项目团队，并与非团队的同事进行沟通；

②促进团队观念转变，保持高昂的士气；③执行改进计划以降低成本；④与黑带讨论项目的执行情况及今后的项目。

成功的六西格玛项目还需要相关业务负责人（过程管理者）的支持与配合，否则很难取得预期的丰硕成果。业务负责人不需要独立完成项目。他们的主要职责如下：①协助选择黑带、绿带，并提供资源支持；②关注黑带、绿带的项目实施过程，协调所管辖范围内的黑带、绿带项目，确保其与业务方向的一致性；③确保过程改进能够落实，保持改进成果。

此外，组织通常还需要为六西格玛项目配置财务代表，负责从项目潜在收益评估、解决方案成本收益分析到项目成果收益测算的全过程财务评审。

绝大多数企业在实施六西格玛管理时采用边培训边实施（learning by doing）的方式。六西格玛业务改进最常用的方法是 DMAIC 方法，包含界定（define）、测量（measure）、分析（analyse）、改进（improve）、控制（control）。

界定即确定项目的边界。主要内容包括确定改进的机会、绘制供应商输入过程输出客户（suppliers input process output customer，SIPOCO）图（又称高端程序图）、确定顾客的需求和关键质量特性、绘制详细流程、项目团队建设等。项目界定对于六西格玛项目成功与否至关重要。

测量的主要内容有明确测量的对象、方法和指标，定义测量过程，确定过程输出指标和关键质量特性之间的关系、过程输出指标和输入指标及过程指标之间的关系，进行测量系统分析。测量的目的在于保证项目工作能够采用正确的方法，测量正确的指标，测量结果的变异尽可能小，保证后续分析阶段使用的数据准确、可靠。

分析即综合采用各种统计方法和管理技术，进行数据的统计分析、比较试验、缺陷分析、变异来源分析、关键因素分析、多变异分析、相关分析和回归分析、失效模式与效应分析、作业增值性分析等，找出影响业绩指标的关键因素和潜在因素。

改进主要是基于分析阶段找到的原因，大胆地提出解决问题的方案。一些非传统的创造性思维方法在本阶段是非常有用的。改进方案要进行多轮评价和筛选，直到达成令人满意的共识。另外，为了保证方案成功实施，有必要进行一些局部运行试验，对改进方案进行验证。

控制是将主要变量的偏差控制在许可范围内。对流程进行一定的改进之后，接下来的问题就是坚持改进的方向，避免回到旧的习惯和流程中。在控制过程中，没有工作描述和过程程序，就谈不上控制，业务流程每个环节的每个人都有工作描述。因此，六西格玛项目的成功依赖于那些坚持如一的人和卓越的控制系统。

4.2.5　现代控制的信息技术方法

1. 电子数据处理系统

电子数据处理系统（electronic data processing system，EDPS）亦称交易处理系统（transaction processing system，TPS），主要用于运营层的管理控制，用来处理日常的、循环的业务事件，处理的通常是一些具体的电子数据。

2. 管理信息系统

管理信息系统（management information system，MIS）是一个旨在支持管理人员履行其职能，以及时、有效的方式来收集、分析和传递组织内外部信息的系统。它是由大容量数据库支持，并以数据处理为基础的计算机应用系统。管理信息系统基于系统观点，把分散的信息组成一个比较完整的信息系统，极大地提高了信息处理效率，可以为组织中各层次、各部门服务。

管理信息系统通常由四个部分组成：①电子数据处理系统部分，主要实现数据收集、输入，数据库的管理、运算、查询、报表输出等；②分析部分，主要实现数据的深加工，如运用各种管理模型和定量化分析手段对组织的经营情况进行分析；③决策部分，以解决结构化的管理决策问题为主，为高层管理者提供一个最佳决策方案；④数据库部分，主要用于数据文件的存储、组织、备份等，是管理信息系统的核心部分。

3. 决策支持系统

决策支持系统（decision support system，DSS）是以管理科学和行为科学等为基础，以计算机技术、仿真技术和信息技术为手段，针对半结构化的决策问题，支持决策活动的、具有智能作用的人机系统。该系统能为决策者提供决策所需的数据、信息和背景材料，帮助明确决策目标、识别问题，建立模型，提供各种备选方案，并对各种备选方案进行评价，通过人机交互功能进行分析、比较和判断，为正确决策提供必要的支持。

从概念结构看，决策支持系统由会话系统、控制系统、运行及操作系统、数据库系统、模型库系统、规则库系统和用户组成。其运行过程如下：①用户通过会话系统输入要解决的决策问题，会话系统将输入的问题传递给问题处理系统；②问题处理系统开始收集数据信息，并根据知识库系统中已有的知识来判断和识别问题；③识别后，会话系统会与用户进行交互对话，直到问题得以明确；④系统会搜寻问题解决的模型，通过计算推理得出方案可行性的分析结果，并将决策信息提供给用户。

4.2.6 危机控制的方法

危机爆发前后的管理控制主要包括危机辨识、危机消解、危机沟通，以及危机后的学习等方面的工作。

首先是危机辨识。危机辨识不仅包括危机爆发后迅速识别其有可能对企业造成的冲击，从而尽可能迅速地采取应对措施，以尽量缩减危机损失，而且包括危机爆发前捕捉危机信息，尽可能采取早期的预防和消解行动。

巴顿认为，预示企业可能出现危机的信号包括突破性技术创新导致的"技术断裂"、客户对企业技术创新的抵制、企业内部难以消除的传言和怀疑、客户的抱怨不休、管理标准的不甚严谨，以及内部员工的焦虑和呼吁。对这类信号的忽视可能使企业错失行动良机。因此，管理层特别是高层管理者应对这类信号及其反映的问题有高度的敏感性。

其次是危机消解。危机事件一旦爆发，管理层就应立即采取行动，防止事件产生的负面影响蔓延。危机管理的关键是行动的及时性。从某种意义上说，要达到缩减危机冲击的目的，行动的迅速性可能比行动的正确性更加重要。等到应对方案非常完善再采取行动，危机对企业可能已经产生不可挽回的伤害。

再次是危机沟通。危机爆发后，不仅受事件直接冲击的利益主体急需了解事件的真相、危害程度、企业的态度，特别是企业目前正在采取的应对措施，企业内部和外部的其他公众也非常希望及时掌握相关信息。在网络传播渠道已经遍及全球各个角落的今天，企业基本不可能隐瞒或封锁任何消息。掩盖和迟缓带来的只能是不满甚至愤怒。企业唯一能做的就是危机爆发后在不影响企业商业机密或技术秘密的前提下心有诚意地及时迅速传递真实的信息。真实信息的传递不仅反映企业真诚的态度，而且避免企业不同部门在与外部接触时可能出现的不一致，以及由此导致的各种猜疑。

最后是危机后的学习。从危机中学习，首先是在危机中发现和挖掘机会。正如"危机"一词所深含的意蕴：危机既可能给企业经营带来危险，也可能给企业在克服危险后带来成长与发展的机会。俗话说，不破不立，危机事件也许迫使企业打破旧的均衡，寻找到突破障碍的机会。在危机中学习，还意味着要通过危机管理的实践掌握危机管理的一般规律。要总结每次危机管理的经验与教训，分析信号辨识、措施选择以及与公众沟通等方面工作的得与失，为今后可能出现的类似情况提供借鉴。特别是，要通过危机管理的总结，找出企业目前经营中存在的隐患，尽早采取防范措施，为企业今后的健康经营提供保障。

4.2.7　风险识别的方法

1. 现场调查法

一般由风险经理到现场实际观察各部门的运作，检查组织的各种设施及进行的各项操作。

在进行现场调查前，风险经理要做好充足的准备工作，以便于在调查时能够有的放矢。首先，做好调查的时间安排。选择合适的实施调查时间，并确定调查所需要的时间。然后，明确要调查的项目。风险经理需要对调查工作制订一个详细计划，明晰需要调查的项目、重点内容和采用的风险识别方法。为防止有遗漏或忽视的内容，可以参考先前的记录事先绘制调查项目表或调查记录表，以便调查过程中进行记录、填写。最后，明确各部门的风险负责人，以便调查工作的顺利展开。

在现场调查的过程中，风险经理要和一线工作人员进行交流与沟通，发挥灵活性和创造性，对潜在风险要保持敏锐意识，从而最大限度地发挥现场调查的作用。

现场调查以后，风险经理要及时行动，将调查结果进行汇总整理，对潜在风险进行识别分析，并采取相应的措施。

现场调查法的优点是风险经理可以借此获得第一手资料，也有利于风险经理与各部门管理人员及基层人员建立和维持良好的关系。现场调查法的缺点是花费大量的时间，成本较高；定期的现场调查可能使其他人忽视风险识别或者疲于应付调查工作。

2. 审核表调查法

审核表调查法是指由相关责任人或风险经理填写一种事先设计好的调查表，进而根据表格内容来识别分析。调查表一般由风险经理会同专家根据组织实际而设计制作，也可以直接采用由专业人员设计好的标准表格和问卷。这些调查表通常会系统地列出组织可能面临的风险，使用者对照调查表中的问题逐一回答，就可以构建出组织的风险框架。

审核表调查法的优点是具有广泛的适用性，并能根据需要随时调整、修订表格中的调查内容；能获取大量的信息且成本较低。审核表调查法的缺点是表格的制作有较高的专业要求，且需具备丰富的实践经验；由于填写人员的素质等原因，填写不准确、不客观等；一些通用的调查表难以揭示某个组织的特殊性。

3. 组织结构图示法

组织结构图示法是指通过绘制并分析组织结构图来识别风险可能发生的领域与范围。通过该方法，可对如下方面的内容有更深入的了解：①企业活动的性质和规模，例如，一个企业集团由哪些子（分）公司组成，是否有国外子公司，它们各经营什么性质的业务等；②企业内部各部门之间的内在联系、权力配置情况和相互依赖程度，是否有业务与权力交叉；③企业内部可以区分的独立核算单位，这是对风险作出财务处理决策时所必须考虑的；④企业存在的、可能使风险状况恶化的弱点，以及潜在风险的可能发生范围。

组织结构图示法适用于各类企业的风险识别，是一种以案头工作方式为基础的风险识别方法。组织结构图可以显示组织中部门设置情况、工作关系、权力配置以及人员间的关系，可以用来发现一些存在于组织部门中的风险因素，进而考察风险可能发生的领域和范围。

4. 流程图法

流程图法是指将组织活动按照内在的逻辑联系绘成流程图，针对流程中的各个环节，特别是关键环节和薄弱环节，进行风险因素、风险事故及可能的损失后果等方面的识别和分析。

流程图反映了组织经营活动的类型和顺序，可以揭示运营中的关键之处和瓶颈点。利用流程图来识别风险，要先根据识别目的和要求绘制流程图，再进行详细分析。①要对图中的每个环节逐一调查，找出潜在的风险，并分析风险事故发生的可能性及造成的损失后果。②要分析各个环节之间的关系，以找出关键环节和薄弱环节，并对这些环节可能存在的风险及其损失后果进行相应的分析和识别。

流程图法的优点是能把一个问题分成若干可以进行管理的问题，从而有利于风险识别；较为简洁、清晰，基本上能够体现整个生产运营过程，有利于识别各个环节的风险。但流程图法也存在一些缺点，从了解生产过程到绘制流程图，并对流程图进行解析和识别潜在风险，整个过程耗时较长；只强调事故的结果，无法对事故发生的可能性进行评估。

5. 财务报表分析法

财务报表分析法是指运用财务报表数据对组织的财务状况和经营成果及未来前景进行评价，从而分析和识别组织所面临的潜在风险的方法。财务报表分析法通常用到的报表是资产负债表、损益表和现金流量表，识别风险的方法主要有趋势分析法、比率分析法和因素分析法三种。

趋势分析法是指对企业连续数期的财务报表中的相关数据进行比较和分析，以揭示企业财务状况和经营成果的变化趋势。趋势分析可以采用多期比较分析、结构百分比分析和定基百分比分析等形式，通过与以往指标的对比，就能确定企业本期的经营效益和管理水平，并可以分析企业是否存在经营风险。

比率分析法是指以同一会计期间的相关数据的相互比较求出相关数据之间的比例，以分析财务报表所列项目之间的相互关系。比率分析可以对企业财务状况的各个方面作出评价，并可识别潜在风险。

因素分析法是指依据分析指标和影响因素的关系，从数量上确定各因素对指标的影响程度，通常有差额分析法、指标分析法、连环替代法和定基替代法。因素分析可以确定风险因素对风险事故的影响。

财务报表分析法的优点是风险识别所需资料较易获取，且具有可靠性和客观性。另外，运用财务报表分析法，研究的结果主要是按照会计科目的形式编制出来的，易于识别潜在风险，可以防患于未然。财务报表分析法的缺点是专业性强，一旦缺乏财务管理的专业知识，就无法识别组织潜在的风险；当财务报表不真实时，难以准确识别组织面临的潜在风险。

4.2.8　风险评估的方法

1. 损失概率和损失程度的估测

风险的衡量和评价主要从两个方面进行：一是风险发生的可能性，即损失概率；二是风险发生后风险事故可能造成的损失，即损失程度。

一般而言，在估测损失概率时需要考虑三项因素：一是风险单位数；二是损失形态；三是损失事件（或原因）。这三项因素的不同组合会导致不同的风险损失概率。实际的估测中通常使用二项分布、泊松分布、正态分布等统计工具。此处，以估测给定时间内损失事故发生次数的方式说明损失概率的估测方法。

假设 n 个风险单位均遭到同一风险事故的威胁，每个风险单位在给定时间内是否发生此风险事故是一个随机事件，并且风险单位对该风险的结果只有两种：发生与不发生。如果记 n 个风险单位在给定时间内发生所述风险事故的次数为 X，且满足条件：①每个风险单位发生同样风险事故的概率都相同，设为 p，不发生该事故的概率 $q=1-p$；②任一风险单位发生风险事故都是独立的，不会影响其他风险单位发生同样的风险事故；③同一个风险单位在给定时间内发生两次以上事故的可能性极小，可认为其概率为零。这样，X 就是一个服从二项分布的随机变量，且分布律为

$$P\{X=k\}=C(n,k)p^k q^{n-k} \qquad (k=0,1,2,\cdots,n) \tag{4-3}$$

因此，根据分布律就能计算出给定时间内有多少个风险单位及其发生事故的概率。由于 n 个风险单位在下一时间段内可能遭受风险事故的次数是一个随机变量，难以确定究竟会发生多少次风险事故。但风险管理人员只要了解 n 个风险单位在下一时间段中发生事故的平均次数及其偏离程度就可以了。此时，X 的数学期望 $E(X)=np$ 就表示事故发生次数的平均值，标准差 $\sigma=\sqrt{npq}$ 则用以描述实际情况与期望的偏离程度。

风险的损失程度是指风险事故一旦发生，可能造成的最大损失值。在衡量风险的损失程度时，需要考虑多方面的因素，如风险单位的内部机构、用途、消防设施等。另外，还要考

虑损失形态、损失频率、损失时间和损失金额等因素。例如，对同一原因导致的多形态的损失，不仅要考虑风险事故所导致的直接损失，而且要考虑风险事故引起的间接损失。很多情况下，间接损失可能比直接损失更严重，例如，因机器故障导致的停产损失和可能的违约责任与客户流失等损失就比机器损坏的损失大得多。同样，风险事故发生的时间越长，损失频率越高，损失程度就越高。另外，风险事故发生后，损失的货币金额越大，损失程度就越高。

现实中，通常利用一些概率分布来估测风险事故的损失金额。概率分布有离散型和连续型两大类，分为一个变量的一元分布和多元变量的联合分布。风险管理中常用的概率分布有正态分布、对数正态分布和帕累托分布等，风险经理可以根据损失的概率分布特征，获得对风险的评估。例如，对于一些损失频率分布类似正态分布的密度函数图形，即只有一个峰，且关于峰是近似对称的，可用正态分布来拟合，并通过正态分布来估测损失金额落在某区间上的概率，以及损失金额超过某一数值时的概率。

2. 情境分析

情境分析是指通过假设、预测、模拟等手段生成可能发生的未来情景，并分析各种情景下可能对组织目标实现产生影响的一种分析方法。情境分析可以采用正式或非正式的、定性或定量的手段进行，主要适用于可变因素较多的项目的风险分析。可变因素较多的项目的风险分析是根据事件发展的趋势，在假定某些关键影响因素可能发生的基础上，构造多种可能的未来情景，提出多种未来的可能结果，并根据可能的损失情况采取适当措施，以防患于未然。

3. 敏感性分析

敏感性分析是指通过分析和测算系统的主要因素发生变化时引起系统评价指标变化的幅度，以及各种因素变化对实现预期目标的影响程度，从而确认系统对各种风险的承受能力的一种方法。在组织运行过程中，存在各种不确定性因素，这些因素对组织运行的影响程度是不同的。有些因素的微小变化会引起评价指标的较大变化，变化甚至超过临界点，从而影响原来的风险管理决策，这些因素称为敏感性因素。有些因素即使发生较大的变化，也只能引起评价指标的微小变化，甚至不变，这些因素称为不敏感性因素。敏感性分析的目的就是在诸多的不确定性因素中，确定敏感性因素和不敏感性因素，并分析敏感性因素对组织活动的影响程度，从而使风险管理人员掌握组织的风险水平，明确进一步风险管理的途径和技术方法。

4. 风险地图

风险地图是指将一个或多个风险的可能性及影响用图形来表示，从而为风险管理决策提供参考的一种方法。风险地图可以采用热图或流程图等形式定量或定性估计风险的可能性及影响。在风险描述时，要突出哪些风险是更重要的，哪些风险是不重要的，从而使图示形象直观、便于使用。

4.2.9　控制风险的方法

1. 风险避免

风险避免是指在风险发生的可能性较大且影响程度较高的情况下，组织采取中止、放弃或调整等风险处理方式，以避免风险损失的一种方法。

通常，组织可以分不同情况而采取如下风险避免的方式。

（1）完全拒绝承担风险。当组织对风险进行评估后发现，风险事故发生的可能性很大且损失程度很高，或者认为自身不愿承担该风险时，可以直接拒绝承担该种风险。

（2）试探承担部分风险。当组织对风险进行评估后发现，一步到位开展某项经营活动的风险太大且组织难以承担时，可以采取分步实施、回避一部分风险的方式来开展该项活动。

（3）中途放弃承担风险。当组织在进行某项经营活动时，内外部环境的变化等原因使得风险增加或者组织承担风险的能力降低，就可以采取终止该项活动的方式来避免风险。

风险避免通常适用于如下情形：①损失频率和损失程度都较大的风险；②损失频率虽然不大，但损失后果较严重且无法得到补偿的风险；③采取风险应对措施的成本超过该项活动的预期收益。

2. 风险分担

风险分担是指组织将自身可能遭受的风险或损失有意识地通过正当、合法的手段，部分或全部转移给其他经济单位的风险处理方式。

风险分担有两种形式：一是财务型风险分担，如保险、贸易信贷、套期合约、期货、期权等；二是非财务型风险分担，如外包、租赁、委托管理、出售等。

保险是最常用的一种风险分担方式。利用保险进行风险分担就是通过保险合约，以投保的方式将组织面临的潜在风险转移给保险公司。保险实质上是众多风险承受单位通过建立保险基金结合在一起，以共同应对风险事故的发生。企业通过参加保险、缴纳保险费将风险转移给保险公司。保险公司则将面临风险的众多企业结合起来以建立保险基金，利用基金来补偿发生风险事故的企业。显然，这是少数投保企业将遭受的损失转移给所有投保企业来分担，从而降低平均损失率的一种方式。

通过保险转移风险较简单且易操作，因此得到了广泛应用。企业一方面可以减少预留风险储备资金，另一方面可以获得保险公司和保险中介所提供的有关风险防范及处置方面的建议和咨询，从而增强驾驭风险、防范风险的能力。

非财务型风险分担是指企业将可能引起损失的风险通过一系列的合约转移给非保险业的经济单位的方式。可供组织采用的非财务型风险分担方式有很多，简要介绍几种。

（1）外包。外包是指企业将价值链中所不擅长的、非核心环节的业务及其控制权交由外部专业厂商去完成的一种经营活动。业务外包其实是企业整合、利用外部资源，以降低成本、提高生产效率和资金使用效率，进而增强自身核心竞争力的一种方式。由于技术、环境、市场需求瞬息万变，企业投身于非核心竞争优势的项目存在巨大风险，外包有助于企业将某些风险转移出去。

（2）租赁。租赁是指通过签订合约，一方把自己的房屋、场地、运输工具、设备或生活用品等连同部分风险一起出租给另一方，并收取租赁费用。当然，组织也可以利用租赁来减少自身可能承担的风险。

（3）委托管理。委托管理是指通过签订委托合同，委托企业将其财产交由受托企业委托代管，同时支付一定的费用。一般情况下，根据委托合同中的条款，在因疏忽或过失致使委托物发生损失时，受托企业应对委托企业负有赔偿责任。这样，委托企业就将委托物的潜在损失转嫁给受托企业。当然，受托企业在某些条件下也可以根据合同条款将委托的损失转嫁给委托企业。

（4）出售。出售是指组织将具有潜在风险的财产等通过出售的方式来实现风险转移。利用出售的方式，企业可以剥离陷入困境的经营业务，快速回笼资金，整合资源，以强化自身的核心竞争力，增强竞争优势。

3. 损失降低管理

损失降低管理是指组织有意识地接受经营管理中存在的风险，并以谨慎的态度，通过对风险的分散以及风险损失的控制，化大风险为小风险、变大损失为小损失的风险处理方式。

（1）风险分散。风险分散是指将面临的风险单位进行分割，划分为若干较小且价值低的独立单位，并分散于不同的空间，以降低组织可能遭受的风险损失程度。这种方法在分离了风险单位的同时，增加了需要控制的个别风险单位数量，任一独立的风险单位发生事故都会给企业造成损失。此外，分散风险单位需要资金支持，过分的分散行为可能使企业资源紧张，造成难以形成或维持核心竞争力与竞争优势的问题。

（2）复制风险单位。复制风险单位是指组织备份一份维持正常的经营活动所需的资源，在原有资源因各种原因不能正常使用时，备份资源可以代替原有资源发挥作用。复制风险单位并没有使原有风险变小，但可以在风险事故发生时降低一次事故的损失程度。同样，复制风险单位可以减轻预期的事故损失，但需要耗费组织资源、增加开支，从而给企业带来一定的负担。

4. 风险保留

风险保留是指面临风险的组织自己承担风险事故造成的损失，并做好相应的资金安排的风险处理方式。风险保留的实质是，当风险事故发生并造成损失后，组织通过内部资金的融通来弥补所遭受的损失。

组织在采取风险保留后，需要确定相应的资金安排。此时，应重点考虑资金的来源、对损失的补偿程度、损失发生后补偿资金来源的变现性等因素。通常，组织可采取的筹资方式有现有收入、意外损失准备金、专项基金、外部借入资金等。当然，除了筹集资金提高自身的抗风险能力，组织还可以通过套期保值和专业自保公司的方式实施风险管理。

4.3 管理实践案例

4.3.1 案例1

某公司是一家平台类公司，在互联网企业排名榜单中常年位居前列，在世界500强企业中的排名更是逐年上升，公司内员工接近 20 万人，年营业额超过 1000 亿元。

尽管该公司如今有着较为稳固的市场地位和极为优秀的业绩，但在几年前，面对激烈的行业竞争，公司的发展一直处于低谷期，市场份额不断被同行业公司抢占，营业额逐年下降。为了改变局面，增强竞争力，该公司建立了一套行之有效的控制体系。

针对平台内同类产品商家质量良莠不齐、消费者投诉增多的情况，该公司重新对自身进行定位，坚持只卖正品行货，严抓伪劣产品。公司加强了对商家的审查，严格把控筛选平台商家，只有品牌直营店或者实际授权的经销商才能入驻该公司的平台销售产品，从源头保障了产品质量，获得消费者一致好评。同时，该公司十分注重保障平台消费者的权益，发布多个相关的规章制度完善监管，并引入第三方调解机构，积极协调解决消费者与商家之间线上、线下的矛盾纠纷，赔偿用户损失，有效改善用户体验。

此外，为了增强公司竞争力、在众多互联网销售平台间保持差异化竞争优势，该公司将目光转向物流产业，重点布局物流配送链的建设，将 50% 左右的资金和精力投入物流系统中，在全国先后成立了 4 个物流中心、数百个配送站点，范围覆盖全国各个城市。之后又不断创新，推出了更多样、更先进、更科技化的物流服务，如自提柜、无人机配送等，为消费者提供了更多选择。在完善基础设施建设的同时，该公司对配送人员实施了赏罚分明的管理制度，优厚的待遇与严格的审核并存。优秀的员工可以得到职位的晋升，享受各项福利待遇，甚至获得股权激励，公司也会通过投诉系统、论坛、网友评论等 10 多种渠道深入了解用户对物流服务的评价，如果用户对某配送员的服务体验不佳，一经查实，配送员将会面临降职、开除的情况。

由于平台企业内容易滋生腐败，为了抑制组织内部衰退，该公司不仅设立了道德委员会，从思想观念层面倡导自律自廉，发布自律宣言在公司范围内进行广泛宣传，而且设置了严格的内审机制，从技术层面抑制腐败。该公司的内审机构隶属于董事会，具有很大的权威性，即使是公司总裁，如果申报了不合理的报销费用，也会被内审人员予以否定。同时，该公司逐渐建成了与整个商务流程相融合的财务系统，实时监控每个业务环节，提高财务数据透明度，通过财报数据反推产生关键影响的业务活动，计算相应的测评指标，根据业务实际情况快速进行修正和改进。

思考题

1. 什么是控制？请简述你的理解。
2. 为什么内部风险控制成为该公司的管理重心之一？

4.3.2　案例 2

2016 年 1 月 21 日，国家食品药品监督管理总局对外通报了 35 家涉嫌在食品中违法添加罂粟壳的餐饮服务经营单位，其中涉及某省两家 A 公司的山寨店。一石激起千层浪，不明真相的媒体推波助澜，以讹传讹。A 公司开展了一场危机管理。

1. 公开申明，律师申明

1月21日，A公司通过官方网站、官方微信、官方微博推送《郑重声明》，公司强调"某省某市宿蒙路口店、某市埇桥区慧鹏经营店与我公司不存在任何关系。公司律师将依法起诉并追究相关经营单位及责任人的法律责任"。因为A公司长期坚持直营连锁，从未授权任何单位及个人在某省境内开设任何以"A公司"商标为名称的店或以A公司为名的任何经营实体与经营行为。同时，A公司委托湖北珞珈律师事务所发出律师声明，指责两家假冒经营店涉嫌侵犯A公司的商标专用权，A公司正计划采取法律手段，追究其侵权的民事责任。同时，敦请已经不实报道或者转载的各网络媒体在《郑重声明》发布之日起立即删除添加的不实标题、摘要或者配图，否则依法追究相关网络媒体的法律责任。

2. 主管地官方发声

1月21日，武汉市食品药品监督管理局官方微信发布"某省A公司？你咋不说黄鹤楼也是你的！"一文，称A公司并未在某省开设门店。武汉市食品药品监管执法人员对湖北省A公司进行过多次检查，并未发现问题。

1月22日，湖北省食品药品监督管理局官方网站发布《省局就湖北A公司产品监督抽检情况接受媒体采访》公告，称经查，A公司与某省某市宿蒙路口店、某市埇桥区慧鹏经营店没有任何经营关系，A公司的销售店均为直营店。A公司尚未在某省开设店面。

3. 创意营销，引发用户关注

A公司发布微博话题"#为什么受伤的总是鸭#"和"#一只鸭的委屈#"，推出"不哭"系列海报。A公司发布的两组话题引起广泛关注，话题"为什么受伤的总是鸭"居社会类榜单第1名、热门榜第3名，阅读量为4493.9万人次；话题"#一只鸭的委屈#"居热门榜第4名，阅读量为752.8万人次。一系列创意文案表明自己"无辜至极"，在哀诉被黑的同时还@鸭粉获得粉丝支持。

4. 植入广告，顺势推广品牌

A公司发布微博话题"#鸭的真爱#"。鼓励粉丝在官方A公司门店前摆出亲吻A公司招牌姿势并拍照，连同A公司门店地址等一起发微博@A公司官方微博，前10名的粉丝都可以获得A公司提供的礼品。话题"#鸭的真爱#"居社会类榜单第2名、热门榜第4名，阅读量为1595.5万人次。

就这样，A公司通过一系列公关活动，将危机变成了营销的机会。

资料来源：根据媒体相关报告编写。

思考题

1. A公司此次面临的危机反映了危机的哪些特征？
2. A公司应对危机的方式有何可取之处？

4.3.3 案例 3

B 公司的企业对企业（business-to-business，B2B）信息系统由三部分组成：公共平台、B2B 功能模块和增值模块。

公共平台提供了 B2B 平台中的基本功能，如协议转换、访问权限管理等，还包括对账系统和供应商安全认证系统。对账系统最重要的目标是实现与供应商的网上对账，达到交易双方（B 公司总部、分公司和上游供应商）财务数据、单据、报表交换的目的。供应商安全认证系统保证登录平台的用户能辨认其用户身份；保证信息的机密性及抗抵赖性；确保签署的单据具有法律效力。为此，B 公司建立了服务器认证、用户认证、单据数字签名等一整套安全认证平台。B2B 功能模块包括业务流程管理、业务文档管理等。增值模块则提供了对内和对外的服务功能。通过 B2B，实现订单、发货、入库和销售汇总等数据的实时传递、交流。无论是 B 公司的采购人员还是供应商的销售人员，双方都基于一个共同的销售信息平台决定采购供应和终端促销，在技术上实现供应商管理库存的功能。

在国内，B 公司已基本实现与大型制造企业的全程互联，先进的技术手段保障了 B 公司的业务发展，始终在同业间处于领先地位。实现 B 公司与供应商及门店的全程互联，从项目实施角度来讲是比较复杂的，这涉及双方的流程及变革。B 公司每次进行 B2B 的工作，主要是和供应商沟通业务流程上的事务，如发货，一周发几次货，一周开几次订单，哪些订单需要定期开，哪些订单是即时的，价格信息怎么调整，等等，这也逐渐让整个流程变得规范。

在开票、收发货等环节原本存在很多不规范的操作，什么货该收，什么货不该收，出现什么情况的时候货要怎么退回去，很多流程都需要在 B2B 上体现出来，还包括利用协同式供应链库存管理（collaborative planning forecasting and replenishment，CPFR）系统的协同操作进行日常性的需求预测、补货等。B 公司与摩托罗拉公司、三星公司之间都部署了 CPFR 系统，这些都会在 B2B 上充分体现，真正将供应链上所有环节连接起来。

目前，B 公司 B2B 平台上运营的供应商已达 1 万多家，主要采用的方式有两种。

一种是直联方式，即两个企业资源计划（enterprise resource planning，ERP）之间的对接。直联方式接入的多为规模较大的供应商；直联系统将 B 公司的 B2B 平台与供应商的 ERP 系统进行对接，双方能够根据对方的业务数据快速地调整经营计划，B 公司可以进行采购、补货、物流的调整，供应商可以进行采购原料、生产计划的变更。直联系统的数据传输技术采用 Rosetta Net（Rosetta Net 是致力于协同开发的开放式电子商务标准），通过 IBM 公司的 WebSphere Business Integration Connect（WBIC）来实现用户的业务流程及数据与其贸易伙伴的共享。

另一种是门户方式，由 B 公司提供统一的平台，受技术条件限制的供应商可以登录门户，实现与直联方式相同的基本功能。门户平台为供应商提供了免费的数据下载服务，供应商可以快速得到 B 公司的销售数据来指导自己的生产。

B2B 系统最有突破性的地方在于它对流程的改造。B2B 系统的实施给采购、商品入库和与供应商的协作管理都带来了本质的改变，实现了流程再造。此外，使用 B2B 系统之后，所有流程都在系统上运作，数据非常透明。正是通过各类 B2B 信息化技术，B 公司的供应链管理水平在充分的信息共享中不断得到提升。B公司B2B项目已经获得国务院信息化工作办公室、科技部高新技术发展及产业司等机构联合评测的"2005年度中国企业信息化500强应用奖——最佳供应链管理应用奖"。

随着观念和技术的不断进步，B公司在上市之后斥巨资打造的B2B系统在供应链整合中起着越来越重要的作用。信息化强有力地促进了B公司在商业模式上的转变。从一开始单纯的差价赢利，到门店增多，向上游供应商收取渠道费、进场费、广告费、促销费，再到优化上下游供应链，加快周转，减少损耗，最终靠品牌和服务取胜，B2B系统功不可没。

综合起来，B公司的B2B系统给B公司在效益方面带来的影响主要包括以下五个方面。

1. 成本效益

B公司通过B2B系统向部分供应商开放数据能够得到可观的收益。根据B公司目前的情况，一份订单的管理成本为40~50元，采用B2B系统网上订单后，一份订单的管理成本只为10~20元，按目前B公司的规模，每年大约有50万份订单，项目实施后按25万份订单在网上进行，每份订单节约20元计算，每年大约节约成本500万元。

2. 信息集成

通过供应链上各方的数据交换（合同/协议、订单，出库单、入库单、发票、退厂单、结算单、市场数据等），达到数据共享的目的，从而使整条供应链的透明度上升；同时，实现B公司内部集团与分公司间、外部公司与供应商之间的信息集成和控制。

3. 供应链协同

在信息共享的基础上，B公司通过供应链上各节点企业的业务流程的协同运作，达到整合和优化供应链的目的。由于采用电子采购、自动结算，大大简化了业务流程，缩短了交易周期，提高了物流的效率和速度。同时，供应商可以及时掌握各终端的销售和库存信息，便于对市场做出准确预测，及时安排生产，组织补货，从而增强供应链整体的市场竞争力。创造出协同的供应链，包括供应链上、中、下游的各个环节，生产、销售、物流等各个相互作用的流程的合理整合。

通过信息化技术全面提升B2B系统，B公司实现数据交流、自动下单、补货、自动结算等一系列全数字化、标准化、流水线式的作业管理，与供应商打造全面、系统、透明的信息化战略。建立了现代化的物流配送系统，通过信息化平台进行实时采购，通过订单化采购，供应商按照B公司全国的区域需求进行物流最佳配送，节约采购成本35%以上，节约库存成本80%以上。

4. 建立金字塔式服务链

B公司作为服务型企业，最根本的任务就是为顾客提供优质的服务。服务是B公司的唯一产品，所有服务均建立在信息化平台上，涉及"售前—售中—售后"的全流程，建立了"连锁店—物流—售后—客服"的服务链条，四大终端构成了金字塔式的服务网络，前台的销售与后台的服务紧密协同，全天候作业，成为B公司最具有竞争力的撒手锏，也是B公司品牌最核心的要素。例如，B公司创立了"阳光包"服务等，在家电下乡、以旧换新等方面发挥了巨大的作用，使其成为家电服务业的领先企业。

5. 提升与供应商的关系

B公司和其供应商共同建立了跨领域产业链全方位合作平台，基本上形成了从技术研发、产品制造到市场销售整个产业链中各个环节的具体合作，目的在于实现三方资源的最有效整合、优势互补和市场竞争力最大化。利用B公司的消费者信息优势，供应商可以更准确地把握市场；B公司利用这个平台，可以获取供应商提供的最具价格优势的采购订单，在价值链重塑中三方均找到了自身的盈利点。

借助自身的信息平台，B公司与相关厂商的信息实现互通。以信息技术产品为例，B公司与主流信息技术厂商之间的合作实现了向B2B模式的转变，目前B公司已与众多厂商建立直供的关系。这标志着B公司和供应商的关系已从简单的上下游模式演变成具有一定排他性的战略合作伙伴关系，B公司能够在有限的供应商资源中比竞争对手占得先机。

资料来源：陈曦，马赫. 2014. 慢国美PK快苏宁. 中国企业家，(6): 26-27；逸凡，于晓娟. 2010. 苏宁管理模式全集. 武汉：武汉大学出版社；彭虎锋，黄漫宇. 2014. 新技术环境下零售商业模式创新及其路径分析——以苏宁云商为例. 宏观经济研究，(2): 108-115. 作者有改动。

思考题

1. 控制包括很多类型，B公司的B2B系统包括哪些控制？有哪些改善？

2. B公司的这些信息化手段是否适合所有企业？企业在选择控制手段时，除了考虑效率，还会考虑哪些因素？

第 5 章
创 新

5.1 基 本 概 念

创新是达到预期新目标的过程。管理创新是达到组织预期新目标的实践过程。

创新的基本概念还有如下表达形式。

（1）创新从广义上来讲是指产生新的思想和行为的活动。组织内外部的不断变化要求组织内部的活动技术与方法不断变革，组织活动与人的安排不断优化，甚至组织活动的方向、内容与形式选择也需要不断地进行调整，这些变革、优化和调整是通过管理的创新职能来实现的。管理创新活动是相对于维持活动的另一类管理活动，它是在探究人类创新活动规律的基础上，对管理活动改变的过程，是一种产生新的管理思想和新的管理行为的过程。

（2）创新是持续成功的关键所在，是指创意过程产生的成果需要转化为有用的产品或工作方法。管理创新主要指组织中有关人员、结构和技术的变革。

（3）创新是一种思想及在这种思想指导下的实践，是一种原则及在这种原则指导下的具体活动，是不断调整系统活动的内容和目标，以适应环境变化的要求。管理创新是对生产要素的重新组合，包括生产一种新产品，采用一种新生产方法，开辟一个新市场，掠取或控制原材料和半成品的一种新来源，实现一种新的工业组织。

（4）创新是指对原有事物加以改变或引入新事物，或指对原有的东西加以改进或引入新的东西的过程或活动。管理创新是指为了更有效地运用资源以实现目标而进行的创新活动或过程。

（5）创新是指新想法的应用。管理创新是将新想法转换成产品或服务。

5.2 基 本 方 法

5.2.1 打造学习型组织的方法

（1）系统思考。系统思考的关键在于具有系统的观点和动态的观点，它的艺术就是要看穿复杂背后引发变化的结构。

（2）自我超越。自我超越是一种愿景和实现愿景的过程，最终将不断突破极限深化到组织成员的潜意识之中。

（3）改善心智模式。心智模式是深植于人们内心的思维逻辑。改善心智模式是不断反思自己的心智模式和对他人的心智模式进行探寻，提高组织适应能力。

（4）建立共同的愿景。组织在持续不断鼓励发展个人愿景的同时，将个人的愿景整合成组织的共同愿景，驱使人们为之而奋斗和奉献。

（5）团体学习。团体学习是发展组织成员整体合作与实现共同目标能力的过程，只有将个体的力量整合为整体的力量，提高集体的智慧，才能达到组织学习的目的。

5.2.2　应对变革抵触情绪的方法

1. 教育和沟通

教育和沟通一般应用在信息缺乏或资料及分析不精确的情况下。优点是人们一旦被说服，就往往会帮助实施变革。缺点是如果涉及的人很多，就会非常浪费时间。

2. 参与和投入

参与和投入的一般应用条件是变革的发起者所需的资料不完整或者其他人的反对力量强大。优点是参加变革计划的人会热衷于它的实施，他们所掌握的相关信息也将被包括到计划之中。缺点是如果参与者设计了一个不合适的变革方案，就很浪费时间。

3. 提供便利和支持

提供便利和支持的一般应用条件是人们因调整问题而反对变革。优点是这是处理调整问题的最好方法。缺点是可能耗费甚至白费时间和金钱。

4. 协商和同意

协商和同意的一般应用条件是有些人或有些团体将在变革中遭受明显的损失，而且这些团体的反对力量强大。优点是有时这是一条避免强烈抵触的简便途径。缺点是如果它提醒了其他人都要通过协商才顺从，组织将要付出相当大的代价。

5. 操纵和拉拢

操纵和拉拢的一般应用条件是其他技巧都无效或太昂贵。优点是这是一种相对迅速、节约时间的解决方式。缺点是为未来埋下隐患，人们可能认识到自己被操纵了。

6. 明示的或暗示的强制

明示的或暗示的强制的一般应用条件是时间紧急而且变革的发起人有相当的权力。优点是迅速并能解决任何反抗问题。缺点是如果发起者激怒了某些人，就很危险。

5.2.3　推动组织发展创新的方法

（1）敏感性训练。通过非结构化群体互动来改变行为。

（2）团队建设。帮助团队成员了解其他成员如何思考和工作。

（3）调查反馈。评估态度和认知，识别其中的差异，并通过使用反馈小组所获得的调查信息消除差异。

（4）过程咨询。外部咨询顾问协助管理者了解人际过程是如何影响工作开展方式的。

（5）群体间关系的开发。改变工作团队中成员对彼此的态度、成见和认知。

5.2.4 管理者有效组织系统内部创新的方法

1. 正确理解和扮演管理者的角色

管理者往往是保守的。他们往往以为组织雇用自己的目的是维持组织的运行，自己的职责首先是保证预先制订的规则的执行和计划的实现。"系统的活动不偏离计划的要求"便是优秀管理者的象征。因此，他们往往自觉或不自觉地扮演现有规章制度的守护神的角色。为了减少系统运行中的风险，防止大祸临头，他们往往对创新尝试中的失败吹毛求疵，随意地惩罚在创新尝试中遭遇失败的人，或轻易地奖励从不创新、从不冒险的人……但显然不能这样狭隘地理解管理者。管理者必须自觉地带头创新，并努力为组织成员提供和创造一个有利于创新的环境，积极鼓励、支持、引导组织成员进行创新。

2. 创造促进创新的组织氛围

促进创新的最好方法是大张旗鼓地宣传创新、激发创新，树立"无功便是有过"的新观念，使每个人都奋发向上、努力进取、跃跃欲试、大胆尝试。要造成一种人人谈创新、时时想创新、无处不创新的组织氛围，使那些无创新欲望或有创新欲望却无创新行动、从而无所作为者感觉到在组织中无立身之处，使每个人都认识到组织雇用自己的目的，不是要自己简单地用既定的方式重复那些也许重复了许多次的操作，而是希望自己去探索新的方法、找出新的程序，只有不断地去探索、去尝试，才有继续留在组织中的资格。

3. 制订有弹性的计划

创新意味着打破旧的规则，意味着时间和资源的计划外占用，因此，创新要求组织的计划必须具有弹性。

创新需要思考，思考需要时间。把每个人的每个工作日都安排得非常紧凑，对每个人在每时每刻都实行满负荷工作制，创新的许多机遇便不可能被发现，创新的构想也无条件产生。同时，创新需要尝试，尝试需要物质条件和试验场所。要求每个部门在任何时间都严格地制订和执行严密的计划，创新就会失去基地，永无尝试机会的新构想就只能留在人们的脑海里或图纸上，不可能给组织带来任何实际效果。

4. 正确地对待失败

创新的过程是一个充满着失败的过程。创新者应该认识到这一点，创新的组织者更应该认识到这一点。只有认识到失败是正常的，甚至是必需的，管理者才可能允许失败，支持失败，甚至鼓励失败。当然，支持尝试、允许失败并不意味着鼓励组织成员去马马虎虎地工作，而是希望创新者在失败中取得有用的教训，学到东西，变得更加明白，从而使下次失败到创新成功的路程缩短。

5. 建立合理的奖酬制度

要激发每个人的创新热情，还必须建立合理的评价和奖惩制度。创新的原始动机也许是个人的成就感、自我实现的需要，但是如果创新的努力不能得到组织或社会的承认，不能得到公正的评价和合理的奖酬，则继续创新的动力会渐渐失去。

（1）注意物质奖励与精神奖励的结合。奖励不一定是金钱上的，而且往往不需要是金钱上的，精神奖励也许比物质奖励更能满足人们创新的心理需要。从经济的角度来考虑，物质奖励的效益要低于精神奖励，因为金钱的边际效用是递减的，为了激发或保持同等程度的创新积极性，组织不得不支付越来越多的奖金。对于创新者，物质奖励只在一种情况下才是有用的：奖金被视作衡量个人的工作成果和努力程度的标准。

（2）奖励不能视作"不犯错误的报酬"，而应是对特殊贡献甚至是对希望做出特殊贡献的努力的报酬；奖励的对象不仅包括成功以后的创新者，而且包括那些成功以前甚至没有获得成功的努力者。就组织的发展而言，也许重要的不是创新的结果，而是创新的过程。如果奖酬制度能促进每个成员都积极地去探索和创新，对组织发展有利的结果必然会产生。

（3）奖励制度要既能促进内部的竞争，又能保证成员间的合作。内部的竞争与合作对创新都是重要的。竞争能激发每个人的创新欲望，从而有利于创新机会的发现、创新构想的产生；过度的竞争则会导致内部的各自为政、互相封锁。协作能综合各种知识和能力，从而可以使每个创新构想都更加完善，但没有竞争的合作难以区别个人的贡献，从而会削弱个人的创新欲望。要保证竞争与协作的结合，在奖励项目的设置上，可考虑多设集体奖、少设个人奖，多设单项奖、少设综合奖；在奖金的数额上，可考虑多设小奖，少设甚至不设大奖，给予每个人成功的希望，避免只有少数人才能成功的"超级明星综合征"，从而防止出现相互封锁和保密、破坏合作的现象。

5.2.5 突破思维定式的方法

1. 不按常理出牌

逻辑思维对创新活动来说是必需的。逻辑思维的主要特征是遵从无矛盾法则，即凡事都要说出道理来。然而，创新思维都萌发于逻辑的中断处，要想找到这种创新的胚芽，就必须大胆地抛弃硬性的逻辑思维，而涉足于弹性较强的非逻辑思维的大海中。

2. 放纵模糊性思维

人脑的思维习惯总是追求清晰、明白，模棱两可是经常被排斥的。事实上，模糊性思维是人类思维中不可分割的一部分，正是清晰与模糊的对立统一才推动了人类思维的发展。

创新是从模糊到清晰的过程。当你的思维处于模糊状况时，说不定会出现自相矛盾的观念，它可能激发你的想象力去突破原有的、狭窄的思想，产生新的创造性思维的胚芽。如果你能放纵自己思维的模糊性，而不担心会变成傻瓜，很可能创新成果迭出。

正因为清楚和模糊是相对的，所以在企业管理实践中不要一味地追求事事清楚。企业薪酬和考核的绝大部分内容、规则应该是清楚的，但也需要保留一部分模糊，以更好地适应很多特殊的情况。也正是这部分模糊给管理者提供了更大的管理技巧创新的空间。

3. 主动向规则挑战

迷信规则可能是产生思维定式的重要原因之一。规则的东西在一定范围内当然应当遵守，它毕竟是前人经验和知识的总结。但是随着环境的变化，当它到了寿终正寝之时，就应该大胆地舍弃。在管理创新中，如果我们能勇敢地向未抛弃的概念、法则、规律、方案等大胆提出疑问并发起挑战，我们的思维定式就会一扫而光。

为了能够主动地向规则挑战，在企业内部，可形成对企业的各项制度、流程、作业方式进行定期评审的制度，以不断地促使企业废除与企业发展不相适应的老规则，建立与企业发展相适应的新规则。

4. 克服思想上的从众

从众行为是指在社会行为的影响下，个人放弃自己的意见、想法，采取与多数人一致的行动的现象。在现实世界中，从众现象普遍存在，从众的安全系数较大。然而，安全又常与稳定、保守相通，有时未必是真的安全。在市场经济中，产品滞销的厂家多属从众之列，别人生产什么，它就生产什么，最终的结果自然是产品积压。相反，那些受到市场欢迎的产品多是不从众的、有特色的产品。"人无我有，人有我优，人优我新"是一些企业的成功之道，它们追求的是差异化，而不是从众。

从众在思想上则是思维惯性的一种表现。大多数人想干的事情一定是正统的、稳定的，新意甚少。因此，在日常工作中若能克服从众，则有助于克服思维定式。

5. 善于寻求多种答案

思维定式的重要特点之一就是确定性、单一性。事物的发展总是指向多样化、复杂化的方向。只满足于一种状态、一个答案，世界就会凝固，创新就会停止。如果不拘泥于已有的经验和知识，主动地寻找多种答案，就能克服思维定式，全方位多角度地看问题，从而获得更多的创新成果。

在打破固有的思维模式、寻求多种答案的过程中，大胆的假设不失为克服思维惯性和惰性的好办法，尽管假设不一定直接产生创造成果，但是可以激发人的想象力，从而找到全新的胚芽。假设的最有效之举就是把现有事物推向极端，引出新的矛盾或问题。这时，思维定式就不起任何作用了。

充分地发挥想象力则是寻求多种答案的关键之一。想象力是一种天赋，每个人在孩提时代都具有丰富的想象力。随着年龄的增长、知识的增加，以及社会条条框框（包括法律、规章、制度、传统等）的限制与约束，人的想象力在不断减退。我们需要恢复以往丰富的想象力，找回已经失去的可贵想象力。

"如果"思考法是恢复想象力的有效工具。当一个人的思考有了"如果"的意识时，他的想象力将从法律、规章、制度、传统等束缚中解放出来。许多成功的产品都来自大胆的想象，免削铅笔来自"如果铅笔不需用刀削还能继续写"的想象，微波炉来自"如果炉子不用火也能煮东西"的想象。

6. 逆向思维

逆向思维是每个管理者都应该掌握的思维方式。对任何一个员工,在你认为满意的时候,你必须看到他的缺点,这是对他负责,如果只看到优点,放任纵容,最后会把他毁掉。当你决定干与不干一件事的时候也需要逆向思维,即使决定干了,也要想到不干会怎么样,不干有没有好处,能不能把不干的好处放到干的里面,从而做得更完善,这些都需要逆向思维。逆向思维通俗地说是站在对立面思考问题,或者是指与一般人、一般企业思考问题的方面不同。对大家不想的、认为是正常的事情加以思考,从中发现问题,这就是逆向思维。

5.2.6 适合管理创新的方法

1. 识别问题法

1)"为什么"法

"为什么"法是最简单的识别问题法,通过不断变化对原始问题的定义,获得问题的新视角,问题的新视角又可以产生解决问题的可行方法,直到获得最高层次的问题抽象。"为什么"法对扩大问题范围及探索其各种各样的边界十分有用。

2)五大问技术

一问目的;二问地点;三问时间;四问人员;五问方法。

2. 列举法

列举法是指通过列举有关项目来促进全面思考问题,防止遗漏,从而形成多种构想方案的方法。列举法在列举事项、方案和评选方案时均可结合头脑风暴法进行,以获得更新颖的构思。

列举法包括特性列举法、缺点列举法、希望点列举法等。在这些方法中,特性列举法是基本方法,其他方法是对特性列举法的巧妙运用。

1)特性列举法

特性列举法是进行管理创新的一种重要方法。它通过列举现有事物的特征,针对其中需要改进的问题提出创新设想。在把要解决的问题分解为局部子问题的基础上,将对象的特点与属性全部罗列出来,并分门别类地加以整理,进行详细的分析。提出问题,找出缺陷,再将功能、结构、人员、原理等管理要素与其他类似论据属性加以置换,从而产生管理创新的设想。特性列举法特别适合老旧企业改进管理,是老旧企业进行管理创新的重要辅助工具。特性列举法的优点在于全面地考虑问题,防止遗漏,而且较易找到解决问题的切入点。

2)缺点列举法

缺点列举法认为改进事物主要是由于旧事物存在缺点,不能满足要求,缺点就是改进旧事物的方向,因此,只要列举出事物特征中那些令人不满的缺点,就可以找到所存在的问题,并可针对缺点逐项分析,形成各种克服缺点的方案。缺点列举法围绕旧事物的缺点加以改进,因此通常不触动原事物的本质与总体,属于被动型方法,多用于企业管理中解决属于"事"

一类的软技术问题。例如,企业通过定期诊断,找出存在的问题,再思考如何解决这些问题。

3)希望点列举法

希望点列举法认为旧事物基本上不能满足人们的要求,必须用新事物来代替它,这个新事物应当具有满足人们愿望的特点。因此,希望点列举法是从整体上对旧事物不满,把旧事物整体看成缺点,其所列举的希望点往往是旧事物本质上难以具备的。希望点列举法是一种主动型方法,常常能突破旧事物的框架,形成比较重大的创新。例如,企业通过制定战略,提出发展要求,再根据战略发展要求来重构企业文化、组织结构体系。

3. 联想类比法

联想类比法的核心是通过已知事物与未知事物之间的比较,由已知事物的属性去推测未知事物的类似属性。联想类比法可以突破逻辑思维的局限性,寻找一个新的逻辑的起点。在日常生活中,人们常常用众人皆知的事例来说明某些难懂的事物或概念,这实际上就是运用了联想类比法。

联想类比法的基础是比较。人们在探索未知的过程中,借助联想类比法,把陌生的对象与熟悉的对象相对比,把未知的东西与已知的东西相对比,从而由此及彼,起到启发思路、提供线索、举一反三的作用。

联想类比法的关键在于联想。没有很强的联想能力,就无法在已知与未知之间架起桥梁,也就说不上类比。股份制运用于工商企业的改革取得了成功,那么农村经济进一步深化改革,是否可以借鉴股份制的经验,实行股田制?银行的最大功能是资金的存储功能,能否借鉴银行的运作方式经营其他业务,如建立"时间银行"?

联想类比法大致有三种类型:直接类比法、结构类比法和综合类比法。直接类比法是指在两个事物间直接建立联系的方法;结构类比法是指由未知事物与已知事物在结构上的某些相似处来推断未知事物也有某种属性的方法;当已知事物与未知事物内部各要素关系十分复杂,两者又有可比的相似之处时,可进行全面的综合类比法。

4. 移植法

移植法是指将某领域的技术、方法、原理或构思移植到另一领域而产生新事物的方法。例如,把生产管理中标准化的管理技术运用到商业经营领域,就产生了全新的经营方式——连锁经营,通过统一形象、统一进货、统一价格、统一管理制度等方法实现商业规模化经营。移植法最大的好处是不受逻辑思维的束缚。当把一项技术或原则从一个领域移植到另一个领域时,并不需要在理性上有过多清楚的理解,往往是先做再说,这就为新事物的形成提供了多种途径。

5.3 管理实践案例

5.3.1 案例1

某公司是食品消费领域的龙头企业之一,市值达到数千亿元。十多年来,该公司一直坚持创新的发展战略,以超前的眼光、先进的理念创造出多种先锋产品,最终在竞争激烈的食品行业中独树一帜，旗下产品的市场占有率常年居行业前列。

当人工加工牛奶几乎全面占领市场的时候，该公司没有盲目顺应行业大流，而是创新性地开始发展天然纯牛奶产品，投入大量的时间和资金发掘优质奶源，在全国陆续设立了八大优质奶源基地，让天然无添加的概念深入人心。同时，该公司对产品本身不断进行创新，推出了多个新品种以满足各年龄段人群对牛奶的不同需求，如婴幼儿版本的奶粉和专为老年人设计的低脂高钙牛奶。

该公司不断加大对技术研发的投资力度，旗下的果汁饮料中果汁浓度高达 30%～40%，远超过市场果汁饮料平均 10% 的果汁浓度，并率先推出果蔬汁混合饮品，建立了极强的技术壁垒，之后更是成功研制出不添加防腐剂、不需要冷藏储存的果蔬汁，赢得了广泛好评和良好口碑。在含糖饮料盛行的时代，该公司也是抢先推出低糖零卡茶饮的企业之一，这种饮品由天然优质茶叶泡制而成，和近几年来人们崇尚的低糖低脂的健康理念不谋而合。

该公司也在不断更新强化自己的营销方式。以牛奶为例，该公司不仅精简了自己的代表广告语，让其既反映产品天然健康的特征，又朗朗上口、方便传播，还利用故事形式的广告短片强化用户对天然奶源地的记忆，以此突出与同行业其他公司产品之间的本质区别，增强用户的忠诚度。此外，该公司的营销也紧抓时代潮流，为了迎合年轻人的喜好，与盗墓笔记、故宫文化等许多著名知识产权（intellectual property，IP）联名，合作推出定制产品，还积极赞助热门综艺节目，大大提高了品牌知名度，使该公司的行业地位登上了新的高度。

思考题

1. 什么是创新？请简述你的理解。
2. 试总结该公司发展道路上重点关注的创新点。

5.3.2　案例 2

A 公司的前身是校办企业。20 世纪 90 年代初期，创始人用自己的专利——大功率大容量电力连接器——办了一个校办企业。在火车车厢之间的电力传输和连接过程中，由于我国人口多和路况差等特殊情况，国外的连接器在用电量增加后存在升温爆炸的问题。该专利带有自锁紧功能，解决了这个问题，荣获机电部科技进步一等奖。1994 年通过铁道部认定，指定其为更新换代产品。A 公司因该产品取得了丰厚利润，为未来发展奠定了基础。

1997～1998 年，A 公司涉足车门领域。1997 年，MT30 型塞拉门（即干线铁路客车塞拉门）研制成功。根据铁路发展的需要，国产化门逐步替代进口门。A 公司产品的市场占有率达到 40% 以上。

1999 年，A 公司又进入地铁领域。实现地铁门自主化最重要的是解决锁闭和开启的问题。为了保证安全，地铁门关上后，一定要有一把锁把这个门牢牢地锁住；解锁要有一个额外的气动型或电磁型动力源。我国地铁客流量非常大，尤其是早高峰和晚高峰，地铁门承受很大的负荷。在这种情况下，地铁门会变形，使用电磁或气动的方式打开地铁门都非常困难。也就是说，这种有形的、有动力源开启系统的可靠性差，在大客流量情况下经常会出现故障。

另外，电磁系统有自然衰减问题，随着时间的延长，它的可靠性会降低。但是，地铁门开启和锁闭非常重要，地铁到站后，地铁门就必须打开；地铁启动后，人即使再多，地铁门也一定要锁闭。地铁门的基本范式是锁闭系统和开启系统。100 多年来，地铁门的创新主要在这两个系统上做文章。

早期，A 公司沿着别人的路进行系列创新。真正的突破是在 2006 年，A 公司生产的地铁门与传统门的最大差异是无锁。如果无锁，就会"无锁而闭，无钥匙而开"。问题的关键是什么东西可以"无锁而闭，无钥匙而开"。千斤顶螺纹的螺旋伸角小，时刻都有自锁功能，再重的东西压不垮它，但是可以通过旋转让它升和降。如果螺旋伸角大到一定程度，就不自锁了，螺帽可以在螺纹上自由移动。把零伸角和大伸角结合起来，就可以做到"无锁"。

A 公司要解决的问题就是在一个螺杆上有不同的螺旋伸角，变螺旋伸角也能实现传动。这个问题的解决需要思想的飞跃：把这种面退化成一个点，变成一根线，这样才能实现在不同螺旋伸角下的自由转化。最后把这个普通螺母简化成一种圆闩，实现传动，并通过试验证明了其可行性。这一完全自创的发明对 A 公司影响重大。

2006 年，A 公司处境非常艰难。该公司在上海承接了地铁 1 号线的门装置工程。地铁门的锁闭装置是由该公司自主开发的，但是和竞争对手的专利有很多相同的地方，引发了知识产权纠纷。此外，该地铁门的锁闭装置在上海地铁线路运行中遇到困难，地铁门在客流量大的时候打不开。竞争对手和西门子公司沟通，如果 A 公司解决不了，就更换供应商。西门子公司要求 A 公司 3 个月之内解决问题。此外，竞争对手也打算收购 A 公司，双方已开始讨论收购的事宜。当时，A 公司正在尝试全新的"无锁"创新，9 月参加展会，10 月把模型做出来，能够实现开关门自锁的基本功能。在完成基本功能试验的当天，A 公司正在召开董事会，会上还在讨论被收购的事情。当模型试验成功的消息报告给正在开会的董事长和总经理时，A 公司决定赶快把它做成产品，更换上海地铁 1 号线的地铁门。西门子公司要求非常严格，地铁门必须通过一系列严格测试。例如，1000 次开关门试验，60 个门开关 60 000 次，有任何一个门出现差错，测试就无法通过。在开关门的过程中还要做各种测试，如防挤、防障碍等，都不能出任何差错。经过一段时间的拼命试验、更换，A 公司终于成功了。

A 公司"无锁而闭，无钥匙而开"的门不仅拯救了自己，而且为我国的轨道交通发展起到巨大的推动作用。自从有了这个"无锁"门，中国高铁和地铁门的半壁江山都由中国企业占领。世界上轨道交通自动门领域的最大、最有名、历史最长的公司曾经垄断中国地铁门市场，在 A 公司有了这个"无锁"门后，它在中国没有再接到一个地铁门的订单。2006 年，竞争对手在与 A 公司讨论收购问题时宣称，如果 A 公司不愿被收购，竞争对手就惩罚 A 公司：一是专利惩罚，二是捆绑惩罚，三是撬走人才。自从有了这个"无锁"门，竞争对手与 A 公司展开合作。"无锁"技术完全原创，专利惩罚不能得逞；"无锁"门的各种性能指标比传统门优越，而且能够解决地铁现实运行中出现的问题，捆绑惩罚也没得逞；由于要有锁闭和开启两套系统，传统门每扇重达 180 千克；而"无锁"门每扇仅为 120 千克，这不仅提高了车辆的运载能力，而且大大降低了每扇门的成本，公司的竞争力大大增加，效益大大提高，人才一个也没被撬走。如果没有核心技术，想打破国外垄断，把产品的价格降下来，那是不可能的。自从有了这个"无锁"门后，A 公司市场份额不断提高，在国外也占领了部分市场。

资料来源：根据 A 公司访谈材料及相关报道材料改编。

思考题

1. A 公司的创新有什么特点？
2. 你从 A 公司创新和创业中学到了什么？

5.3.3 案例 3

B 公司已成长为一家年营业额达 15 亿元的国内知名珠宝品牌。然而，B 公司首席执行官陷入了深深的思考：如何才能在公司中建立相互学习、共享知识的内部机制，通过结构化的驱动方式，将某个员工的发现、创意、心得或者经验等迅速放大为整个组织的行为，并得以传承？这样，即使某一天这个员工离开了组织，组织也能够高效运转。

在 B 公司首席执行官的大力推动下，该公司非常强调组织学习和知识共享，形成了一系列有特色的知识管理制度和方法。B 公司将属于自己的组织知识遍及公司的每个角落。

1. 组织知识的获取

1）组织知识的来源：员工建议广纳、细分

员工是公司的基本构成单位，要形成组织知识，员工的意见必不可少。在 B 公司首席执行官的观念中，"公司的成功就是让平凡的人做不平凡的事，充分发挥公司每位员工的知识，把个人竞争力变为公司竞争力"。

因此，B 公司尝试着"逼迫"员工提建议，把员工的工作建议列入绩效考核体系。仅 2010～2011 财年第一财季，B 公司就收到了 177 条行政员工的工作建议，其中有 134 条得到采纳或部分采纳。在这 177 条建议中，有 3 条来自财务部的陈某。他所提的建议都与自己的本职工作息息相关，也正是由于平时的工作经验和思考，他的建议均得到采纳，其中 2 条建议在优秀员工建议评比中分获一、二等奖。

然而，提建议仅是第一步，组织对于员工工作建议的处理态度和方式同样重要。B 公司的管理者对接到的每条工作建议都给出认真、公开的答复，阐述采纳或者不采纳的理由。同时，B 公司拥有集体参与的公开交流环境，使公司所有员工都能定期交流对一些问题的看法，提出工作建议的员工对于敷衍的部门负责人可以进行申诉。这种强制性的标准化管理能够让员工的知识贯穿于组织的成长脉络中，让每位员工都成为管理者，与组织共享成长的力量。

2）组织知识的提炼：火花碰撞分析会

中国有句古话，"授人以鱼，不如授人以渔"。组织知识就发挥这个"渔"的作用。公司必须建立一种内部机制，根据前人的理论和经验，结合自身的特点，在实践中提炼出指导公司发展的规律性的精华，将个体的成功发现、创意、感悟或经验、技能等迅速放大为组织行为。

B 公司分析会制度正是这样的一个提炼的过程。B 公司通过各种委员会，对公司内部的管理问题进行查找、分析和解决。B 公司的分析会本质上是一个战略纠偏工具，所有分析会中解决的问题都会在公司内网上共享，并且监督其改进，员工参与分析会同样与部门的奖励挂钩。

公司的组织知识体系要求结合自己的行业特征、发展历史阶段、拥有的资源、公司文化等要素，从自身的需求出发，提炼指导公司未来发展的规律性原则。分析会给管理者作出了适时的提醒，让他们在纷繁复杂的知识面前能够意志坚定，排除不适用于公司长远发展的各种问题，提炼对公司有益的知识精华，保证公司各项事务都能沿着正确的轨道发展。

3）组织知识的固化：系统创新见真招

各种组织知识的来源经过分析会的讨论，再结合 B 公司的实际，提炼成组织知识的雏形。提炼的精华必须经过固化才能成为可以被人们理解的组织知识。B 公司通过系统创新制度的实施来固化组织知识。

2010 年，柏林电影节迎来了 60 年华诞，赞助商争夺战也随着电影节组委会筹备工作的展开而硝烟四起。对于贵宾用珠宝，组委会要求从设计到做工都必须精益求精、大气优雅，对赞助商的要求也极其严格，设计、做工、细节、品牌名气等都是能否胜出的重要因素。

在这样一个具有里程碑意义的电影节上，B 公司打败众多对手，成为唯一官方珠宝赞助商。因此，这个项目体现了公司系统创新的成功，公司实现了把组织管理的经验和知识转化到实际应用中。

2. 组织知识的共享

1）内刊：让知识走进员工的心

B 公司的内刊创办于 1998 年，每半个月发行一期。内刊的最大特点就是其上面的新闻纯粹是对内宣传，其实就是在公司内部传扬 B 公司的组织知识。B 公司是连锁经营的体制，需要把组织的思想传递下去，通过这种报纸是很好的方法。

为了使内刊达到预期的效果，B 公司设计了一套结构来驱动内刊传播组织知识。首先，组织员工定期学习。B 公司的相关绩效考核制度与其他公司不同，即内刊的学习牵涉的利益不仅是个人的，还有所在部门的。个人的利益关系到集体的利益，B 公司的员工通常会很热情地学习内刊，理解 B 公司的组织知识。内刊会刊登组织的一些管理理念或方法；内刊也接受一些员工工作方法和工作心得方面的内容。B 公司的每家门店都会有自己的内刊通信员，这些通信员将自己或自己部门值得推荐的销售经验分享在内刊上，有时这些经验会成为公司范围内门店的标准，从而推动组织知识的共享。

2）培训："大家来分享"

培训是 B 公司组织知识共享的重要方式，员工可以一起来分享各种专业知识和管理知识。B 公司的培训体系包括三大部分：行政员工培训、专业技能培训和业务组织培训，通过这些课程的设置，组织中的知识得到了很好的分享和交流。为了鼓励员工积极通过培训来提升自己的知识和能力，B 公司所有的培训课程都有学分，和员工的绩效评估及升职挂钩，同时，B 公司还通过举办各种大赛来加强培训效果。

那么，如何促进拥有知识的员工来分享他们的知识呢？B 公司主要运用一些激励和选拔措施来建立自己的内部讲师团队。B 公司的内部讲师分为两部分：一部分是管理培训师，他们主导了大部分管理知识课程；另一部分是专业培训师，他们负责开设专业知识类课程。公司从内部选拔讲师，让其承担相应的授课任务，并支付授课经费。除物质激励外，内部讲师还可以作为加薪、升职的一个重要凭证。

3. 知识管理的关键

B 公司构成了一套系统化的机制来推动组织知识的共享，所有的制度、举措都不再是孤立的一项项制度，而是整个管理系统的一个个环节，并且最终都和公司的激励机制挂钩，即形成结构驱动管理模式，这也是它们能发挥作用的关键。员工遵循组织知识，再结合具体方法做出的成绩，让组织知识通过检验得以成型，并受到人们的重视。

B 公司每半年召开一次财季大会，进行优秀员工的评优和表彰。除了颁奖，每个财季大会都会围绕着 B 公司的组织知识及其衍生物举办辩论赛。B 公司首席执行官认为，"员工优秀还是一般，取决于个人智力和能力的高低，也取决于所在公司组织知识的高低，还取决于他对组织知识掌握到什么程度"。因此，辩论赛可以强化组织知识，加深员工对组织知识的掌握。

2010 年 12 月的财季大会就围绕着 B 公司的目标激励制度和员工满意度的关系举办了辩论赛，由此衍生对"蜗牛奖"（"蜗牛奖"就是对绩效最差部门的一种称呼）的评选是否合适的探讨。作为正方的人力资源部认为，"蜗牛奖"体现了 B 公司目标激励衍生的排序管理的思想；作为反方的运营中心则认为，"蜗牛奖"伤害了员工的满意度，有违 B 公司的组织文化。事实上，对"蜗牛奖"开展辩论的目的并不是单纯肯定或者否定"蜗牛奖"的实施，而是让员工明确 B 公司的管理理念包括目标激励和员工满意，从而使得这些管理理念深入员工内心。

财季大会的重头戏是颁奖，每个奖项都包含一个关键词。例如，优秀行政管理部门奖体现的关键词是"协作"，协作正体现了 B 公司知识共享的文化。优秀行政管理部门奖就是为了激励行政管理部门与各部门的交流和通力合作，这是一种以奖励的形式固化组织知识的手段。另外，最具行动力大奖体现的关键词是"行动"，行动力也是 B 公司所强调的。这种辩论和奖励帮助 B 公司强化了组织知识。

资料来源：龙静，冯帆，杨忠. 2012. 企业知识共享的促进、阻碍与管理举措——以江苏通灵公司"组织智慧"构建为例. 经济管理，34（7）：60-70；沈东军. 2008. 组织智慧：21 世纪企业盛衰的秘密. 北京：商务印书馆. 作者有改动。

思考题

1. 企业应该怎样进行制度创新以促进知识共享？
2. 结合知识管理过程，谈谈如何实施组织文化的创新。

第二篇

第二篇为大数据实践篇，主要介绍大数据的基本概念、大数据存储及处理的基本方法和大数据运用在管理创新中的实践案例。

第6章 基本概念

6.1 大 数 据

1. 大数据的表达形式

（1）大数据是指用现有的一般技术难以管理的大量数据的集合。

（2）大数据是指大小超出常规的数据库工具获取、存储、管理和分析能力的数据集，但并不一定是超过特定太字节的数据集才算是大数据。

（3）大数据是指所涉及的资料量规模巨大到无法利用目前主流软件工具在合理时间内进行撷取、管理、处理，并整理成为帮助企业经营决策更积极目的的资讯。

（4）大数据即海量的数据规模、快速的数据处理速度、多样的数据类型、低密度的数据价值。

（5）大数据是指不用通过随机分析法（抽样调查）等捷径，而采用所有数据进行分析处理的方法。

（6）大数据是指无法在一定时间范围内用常规软件工具进行捕捉、管理和处理的数据集合，是需要新处理模式才能具有更强的决策力、洞察发现力和流程优化能力的海量、高增长率和多样化的信息资产。

（7）大数据是指无法在一定时间内用常规软件工具对其内容进行抓取、管理和处理的数据集合。大数据由巨型数据集组成，这些数据集常超出人类在可接受时间下的收集、使用、管理和处理能力。

2. 大数据的典型特征

（1）大体量（volume）。随着传感设备、移动设备、网络宽带的成倍增加，在线交易和社交网络每天产生成千上万兆字节的数据，数据规模也在急剧增大。大数据的大体量是指数据量大以及规模的完整性，全球数据量正以前所未有的速度增长，数据的存储容量从太字节级扩大到千亿亿亿字节级。

（2）多样性（variety）。大数据涉及多种数据类型，包括结构化数据和非结构化数据。新型多结构的数据量也呈现爆炸式增长，统计显示，在未来，结构化数据和非结构化数据占比悬殊，非结构化数据占比将达到90%以上，涉及网络日记、电子文档、电子邮件、网页、音频、视频、图片、地理位置信息等。

（3）时效性（velocity）。时效性包括两个方面：增长速度和处理速度。大数据增长速度快，处理速度快，海量数据挖掘分析尽可能实现秒级响应。大数据要求数据处理速度快，这是它区别于传统数据最显著的特征，现实中，这体现在对数据的实时性需求上。只要过了时效性，再有价值的数据也失去存在的意义。

（4）低价值密度（value）。价值密度与数据总量成反比。如何快速对有价值数据"提纯"成为目前大数据背景下待解决的难题。

（5）真实性（veracity）。真实性包括数据的准确性和可信赖度，即数据的质量。

6.2　大数据时代

《纽约时报》的一篇专栏中提到："大数据时代已经到来，在商业、经济及其他领域，决策将日益基于数据和分析而作出，而非基于经验和直觉。"

哈佛大学社会学教授加里·金说："这是一场革命，庞大的数据资源使得各个领域开始量化进程。无论是学术界、商界还是政府，所有领域都将开始这种进程。"

王浩在《大数据时代下的思维方式变革》一书中提到："各种经济时代的区别，不在于生产什么，而在于怎样生产，用什么劳动资料生产。劳动资料不仅是人类劳动力发展的测量器，而且是劳动借以进行的社会关系的指示器。"马克思按照劳动资料或劳动工具的标准，把人类社会发展分别称为石器时代、青铜时代、铁器时代、大机器时代。马克思没有看到信息时代的到来，但当信息技术作为非常重要的生产资料或者生产工具的时候，我们还是依据马克思的理论，称这个时代为信息时代。如今，大数据作为新的生产资料，不断地体现其在生产活动中的巨大作用，我们自然而然地应该去思考大数据时代的到来。从事物的本性可以得出，人的劳动能力的发展特别表现在劳动资料或者生产工具的发展上。劳动工具是衡量生产力发展水平的重要标准，而生产力发展水平则是一个时代的本质特征。大数据作为一种新的劳动资料，其出现对生产力的发展有着直接的推动作用，这也是大数据时代的由来。

6.3　大数据时代的管理变革

基于大数据时代的到来，技术环境发生大变革，管理的理念、思想、方法随之发生变化，因此要进行管理创新。

大数据的复杂性向商业实践和充分利用大数据的价值提出了很大挑战，大数据所具备的与传统数据集合不同的特点使其对传统的战略管理思维和企业创新实践产生了变革性影响。大数据对创新管理的影响从创新模式、创新主体、创新战略和创新组织四个维度展开。

6.4 大数据通信的相关前沿技术

6.4.1 5G相关技术

1. 5G基本概念

第五代移动通信技术（5th generation mobile communication technology，5G），是2G（如全球移动通信系统（global system for mobile communications，GSM））、3G（如通用移动通信业务（universal mobile telecommunications service，UMTS）、长期演进技术（long term evolution，LTE））、4G（如长期演进技术升级版（long term evolution-advanced，LTE-A）、全球微波接入互操作性（world interoperability for microwave access，WiMax））的延伸发展。与早期技术相同，5G网络属于数字蜂窝网络。

2. 5G基本技术

5G采用先进的无线传输与网络传输关键技术。无线传输技术包括大规模波束赋形、超密集组网、新型编码调制、毫米波高频段通信、终端直通等；网络传输关键技术包括服务化架构、软件定义网络、网络切片、网络功能虚拟化、边缘计算等。

3. 5G的典型应用

随着移动互联网用户和网络流量的不断增加，现有移动通信技术受到挑战，5G用于满足暴涨的移动通信需求，业务提供能力也更加丰富，其性能目标为高数据速率、减少延迟、节省能源、降低成本、提高系统容量和大规模设备连接，具有低成本、低能耗、安全可靠的特点。具体表现为传输速率提升10~100倍；峰值传输速率达到10吉字节/秒；端对端时延达到毫秒级；连接设备密度增加10~100倍；流量密度增加1000倍；频谱效率提升510倍；能够在500千米/时的速度下保证用户体验；能够使信息通信突破时空限制，给用户带来极佳的交互体验，并快速实现人与物的互联互通。

一些标准组织对5G应用场景给出了定义。第3代合作伙伴计划（3rd Generation Partnership Project，3GPP）将5G应用场景分为两类：移动互联网和物联网应用。国际移动通信（International Mobile Telecom，IMT）系统将5G主要应用场景分为四类：连续广覆盖、热点高容量、低功耗大连接、高可靠低时延。国际电信联盟（International Telecommunication Union，ITU）将5G应用场景分为三类：增强型移动宽带（enhanced mobile broadband，eMBB）场景、大规模机器型通信（massive machine type communication，mMTC）场景、高可靠低时延通信（ultra-reliable low-latency communications，uRLLC）场景。

5G应用覆盖了众多领域，包含移动监测控制、超高清视频、增强现实（augmented reality，AR）技术/虚拟现实（virtual reality，VR）技术、游戏、无人机、车联网以及智慧的城市、电网、工厂、教育和医疗等。5G的初期核心为面向各领域的泛视频和图像传输处理场景，如AR/VR类、超高清视频及图像类应用。

1）扩展现实

5G 为扩展现实（extended reality，XR）的发展提供机会。XR 是 VR、AR、混合现实（mixed reality，MR）、全息现实（holographic reality，HR）等多种视频呈现和交互方式的总称。XR 在各个垂直领域具有广阔的行业应用场景和增值空间，如自动驾驶、移动监测控制、智能制造、家庭娱乐、智慧零售、智慧教育等。XR 在各领域的应用发展具体如下。

（1）虚拟原型。虚拟原型为设计师提供与包含原型的虚拟世界快速进行交互和修改的机会，并能够带用户进入构造的虚拟世界进行想法交流，在商业中具有重要用途，如房地产、建筑业，以及飞机、航天器、汽车、家具、服装和医疗器械的设计。

（2）教育。XR 对教育影响最大的领域是人文学科，如历史学、人类学和外语。用户可以通过 VR 界面观看实体博物馆，也可以在虚拟博物馆中扫描和展示文物。

（3）健康医疗。针对分布式医疗，医生可以通过远程呈现提供指导建议，并运用 XR 技术提供培训。医生可以对由医疗扫描数据生成的三维器官模型进行更好的观察。另外，XR 可以向患者提供理疗，包括通过重复的暴露克服恐惧症和压力失调，改善或维持认知技能以抗老化，改善运动技能以解决身体平衡或神经系统紊乱失调等问题。

（4）VR 和 MR。用户通过叠加附加图形来观看真实世界，以改善其外观。例如，通过在现实世界中放置文本、图标以及其他图形，用户可以借助互联网力量展开许多操作，如导航、社交互动和机械维护。

2）车联网

车联网是以车内网、车际网和车载移动互联网络为基础，按照约定的通信协议和数据交互标准，在车辆到任何事物（vehicle to everything，V2X，X 是车、路、人及云等）之间进行无线通信和信息交换的大系统网络。5G 以其灵活的体系结构解决了车联网多样化的应用场景中差异化性能指标带来的问题，使车辆和车载终端在高速移动下获得更好的性能。借助人、车、路、云之间的全方位连接和高效信息交互，车联网正从信息服务类应用向交通安全和效率类应用发展，并逐步向支持实现自动驾驶的协同服务类应用演进。未来，5G 很有可能作为统一的连接技术，满足远程操作、自动和协作驾驶等连接需求，并在车辆自动驾驶及安全、道路交通管理等方面得到广泛应用。

3）智能电网

在智能电网中，无线通信总体包含控制和采集两类场景。在以下应用场景中需要 5G 满足其需求：①高精度、大范围无线网络授时；②配网同步相量测量单元（phasor measurement unit，PMU）；③智能配电自动化；④分布式能源调控；⑤用电负荷需求侧响应；⑥智能巡检和应急指挥；⑦设施运行状态监测及远程操作。

4）工业领域

工业领域无线通信技术主要应用于设备及产品信息的采集、非实时控制和实现工厂内部信息化等。随着 5G 不断发展成熟，其低时延、高可靠以及大宽带等特征使得无线通信技术应用于现场设备实际控制、远程维护及操控、工业高清图像处理等工业应用新领域成为可能，也为未来柔性产线、柔性车间奠定了基础。5G 主要表现的四个应用场景为实时控制、工业穿戴、调度与导航及高密度接入。

6.4.2 6G 相关技术

1. 6G 基本概念

第六代移动通信标准也称第六代移动通信技术（6th generation mobile communication technology，6G）。

2. 6G 基本技术

根据韩国 SK 公司研究进展分析，6G 主要包括以下方向。

（1）太赫兹无线通信技术。为实现网络速率达到太字节/秒量级，同时考虑低频资源限制，6G 网络将进入太赫兹频段范围，即亚毫米波段，频率为 0.1～3 太赫兹。该频段集成微波通信与光通信优点，具有传输速率高、容量大、方向性强、安全性高及穿透性好等诸多特性，在无线通信领域具有明显技术优势，如频谱资源宽、通信跟踪捕获能力强、抗干扰/抗截获能力强、激励和接收难度大、克服临近空间通信黑障能力强。因此，太赫兹无线通信技术成为 6G 网络重要核心技术之一。

（2）超密蜂窝网络/无蜂窝网络技术。现有 2G、3G、4G、5G 均采用蜂窝网络架构，覆盖距离短。6G 将采用超密蜂窝网络架构和无蜂窝网络架构。6G 时代将面临基站更加密集、站间干扰大、网络优化复杂、网络投资增加、基站建设难度增大等困难。根据韩国 SK 公司研究，6G 将向无蜂窝网络架构方向演进，采用协作式波束赋型技术降低网络投资成本，通过以用户为中心的覆盖来降低信号干扰，实现网络性能最大化。无蜂窝网络架构采用虚拟化无线接入网（radio access network，RAN）与大规模多输入多输出（massive multiple input multiple output，massive MIMO）天线阵列技术相结合的方式实现，使得网络部署更灵活、网络性能最大化、网络配置成本效率更高。

（3）卫星与地面（简称星地）融合通信技术。相比地面移动通信网络，卫星通信系统利用高、中、低轨卫星可实现广域甚至全球覆盖，可以为全球用户提供无差别通信服务。卫星通信系统与地面移动通信网络相互融合，共同构成全球无缝覆盖的海、陆、空、天一体化综合通信网，满足用户多种业务需求，是 6G 发展的重要方向。卫星与 6G 的融合将充分发挥各自优势，为用户提供更全面优质的服务，例如，在地面 6G 网络无法覆盖的偏远地区、飞机上或者远洋舰艇上，卫星可以提供经济可靠的网络服务。卫星也可以为物联网设备以及飞机、轮船、火车、汽车等移动载体用户提供连续不间断的网络连接，增强 6G 系统服务能力。

（4）其他技术。6G 还包括人工智能、量子通信、边缘计算等技术。

3. 6G 的典型应用

随着移动互联网和物联网的发展，5G 将实现万物互联的愿景，6G 将在完善 5G 系统功能的基础上，从空间上引入卫星网络，实现海、陆、空全球立体无缝连接与覆盖；将现实世界与虚拟世界结合，即将人、事、物、流程、数据相互结合，真正实现万物互联，使网络连接相关性更强、网络更具价值。因此，6G 早期阶段将对 5G 业务进行扩展和深入，依据人工智能、边缘计算和物联网，将智能应用与网络深度融合，实现 VR、虚拟用户、智能网络等功能。在人工智能理论、新兴材料和集成天线相关技术的驱动下，6G 的长期演进将产生新突破，甚至构建新世界。面向 2030 年的 6G 系统将超出现有的移动通信网络的范畴，是多种技术的融合，具有覆盖更广、频谱更高、应用更全、安全更强的特点。

6G 时代的应用将探索新媒体、新服务、新架构三大领域。

（1）新媒体领域。由新的媒体数据传输技术支撑的媒体应用，如全息图、全息远程呈现应用。

（2）新服务领域。从简单的网页、语言、视频业务向高精度、高保障性业务服务方向发展，主要包括全息通信、远程医疗、工业互联网等高精度服务。

（3）新架构领域。从原有的地面通信向更高的空间（卫星通信）拓展，探索地面通信与卫星通信的融合通信，实现全球立体化全覆盖。新架构发展包含两个阶段：一是实现卫星通信与地面通信的联合组网，进行全网络覆盖；二是在地面–卫星融合通信的基础上实现卫星移动通信之间的漫游服务。

6.4.3　根服务器基本技术

根服务器，也称根域名服务器，主要用来管理互联网的主目录，是架构因特网所必需的基础设施。根服务器可以指挥 Firefox 或 Internet Explorer 等 Web 浏览器和电子邮件程序控制互联网通信。根服务器中储存了所有顶级域名的权威记录，负责顶级域名的最终解析。理论上，互联网访问者的浏览器将域名转化为互联网协议（internet protocol，IP）地址的请求都要经过根服务器指引，到达该域名的权威域名服务器。

第 4 版互联网协议（internet protocol version 4，IPv4）根服务器均由美国政府授权的互联网名称与数字地址分配机构（Internet Corporation for Assigned Names and Numbers，ICANN）统一管理，负责全球互联网域名 IPv4 根服务器、域名体系和 IP 地址等的管理。由于域名系统（domain name system，DNS）使用的传输协议为用户数据报协议（user datagram protocol，UDP），对数据分组具有 512 字节的长度限制，要让所有 DNS 根服务器信息包含在同一个 UDP 数据分组中，根服务器数量只能被限制为 13，且每个服务器使用字母表中的单个字母（A～M）标识，由 12 个独立机构运维。其中 1 台为主根服务器，在美国，其余 12 台均为辅根服务器，9 台在美国，2 台在欧洲（分别位于英国和瑞典），1 台在亚洲（位于日本）。

在与现有 IPv4 根服务器体系架构充分兼容的基础上，"雪人计划"于 2016 年在全球 16 个国家完成 25 台 IPv6 根服务器架设，事实上形成了 13 台原有根服务器加 25 台 IPv6 根服务器的新格局，为建立多边、民主、透明的国际互联网治理体系打下坚实基础。中国部署了其中的 4 台，由 1 台主根服务器和 3 台辅根服务器组成。

6.4.4　卫星与 5G/6G 融合

根据卫星运行过程中的轨道高度，可以分为地球静止轨道（geostationary earth orbit，GEO）卫星通信系统和低地球轨道（low earth orbit，LEO）卫星通信系统。GEO 卫星通信系统是最早研发的卫星通信系统，其轨道高度高、覆盖范围广且星体相对固定，只需要 3 颗卫星就可以覆盖全球除南、北极之外的大部分区域。目前，世界上著名的 GEO 卫星通信系统包括 Inmarsat、Thuraya、TerreStar、SkyTerra 等系统。

近年来，LEO 卫星通信系统发展迅速。目前，国外建成的 LEO 卫星通信系统有 Iridium、Globalstar、OneWeb 和 SpaceX 打造的 Starlink 互联网星座系统。我国 LEO 卫星通信系统发展较缓慢，目前天地一体化信息网络重大工程、"鸿雁"系统和"行云工程"等 LEO 卫星通信系统尚在计划中。

1. 卫星通信与 5G 融合

相比地面移动通信网络，卫星通信利用高、中、低轨卫星可实现广域甚至全球覆盖，可以为全球用户提供无差别的通信服务。Iridium、Inmarsat、Thuraya 等商用卫星移动通信系统为海上、应急及个人移动通信等应用提供了有效的解决方案；O3b、OneWeb、Starlink 等中、低地球轨道卫星通信系统将卫星通信服务与互联网业务相融合，为卫星通信产业注入新的活力。同时，未来地面 5G 将具备完善的产业链、巨大的用户群体、灵活高效的应用服务模式等。卫星通信系统与 5G 相互融合，取长补短，共同构成全球无缝覆盖的海、陆、空、天一体化综合通信网，满足用户无处不在的多种业务需求，是未来通信发展的重要方向。具体表现在以下方面。

（1）在地面 5G 网络无法覆盖的偏远地区、飞机上或者远洋舰艇上，卫星可以提供经济可靠的网络服务，将网络延伸到地面网络无法到达的地方。

（2）卫星可以为物联网设备以及飞机、轮船、火车、汽车等移动载体用户提供连续不间断的网络连接，卫星与 5G 融合后，可以大幅度增强 5G 系统在这方面的服务能力。

（3）卫星优越的广播/多播能力可以为网络边缘及用户终端提供高效的数据分发服务。

2. 卫星通信与 6G 融合

6G 的特点是以卫星为基础组建互联网，其发展趋势如下：一是更高的通信频段，以支持更高的传输速率；二是天地一体化的网络，地面移动通信网络为用户密集地区提供宽带、低时延、高效通信，卫星通信网络实现全球无缝覆盖，实现全球陆、海、空、天无缝通信；三是智能连接，网络与用户融为一体，智能应用与网络深度融合。

第7章 基本方法

7.1 大数据的基本存储方法

7.1.1 分布式存储

分布式存储系统是指将数据分散存储在多台独立的设备上。传统的网络存储系统采用集中的存储服务器存放所有数据，存储服务器成为系统性能的瓶颈，也是可靠性和安全性的焦点，不能满足大规模存储应用的需要。分布式存储系统采用可扩展的系统结构，利用多台存储服务器分担存储负荷，利用位置服务器定位存储信息，不但提高了系统的可靠性、可用性和存取效率，而且易于扩展。

7.1.2 云存储

云存储是一种在线存储（cloud storage）的模式，即把数据存放在通常由第三方托管的多台虚拟服务器，而非专属的服务器上。托管公司运营大型数据中心，需要数据存储托管的客户通过向其购买或租赁存储空间的方式来满足数据存储的需求。数据中心运营商根据客户的需求，在后端准备存储虚拟化的资源，并将其以存储资源池（storage pool）的方式提供给客户，客户便可自行使用此存储资源池来存放文件或对象。

7.1.3 边缘存储

边缘存储（edge storage）是指把数据直接存储在数据采集点，而不需要把采集的数据通过网络（即时）传输到存储的中心服务器（或云存储）的数据存储方式。这种存储在端（边缘）的存储方式也是一种分布式存储，又称去中心化存储。边缘存储的需求主要包括网络带宽资源的有效利用、可靠性、安全和隐私保护等多个方面。

边缘存储是边缘计算的延伸概念，主要为边缘计算提供实时可靠的数据存储与访问。目前，工业界和学术界对边缘存储还未进行详细定义。不同于集中式云存储，边缘存储将数据从远距离的云服务器端迁移到离数据更近的边缘存储设备或边缘数据中心就近存储，具有更低的网络通信开销、交互延迟和带宽成本，以及更高的自适应能力及可扩展性。

7.2 大数据的基本处理方法

7.2.1 分布式计算

分布式计算是利用互联网上计算机中央处理器（central processing unit，CPU）的闲置处理能力来解决大型计算问题的一种计算科学。这些项目都很庞大，需要惊人的计算量，仅由单个计算机或个人在一个能让人接受的时间内完成计算是不可能的。以前，这些问题都由超级计算机来解决。但是超级计算机的造价和维护成本非常昂贵，这不是一个普通的科研组织所能承受的。随着科学的发展，一种廉价的、高效的、维护方便的计算方法——分布式计算应运而生。

1. 基本概念

广义的分布式计算是指研究如何把一个需要巨大的计算能力才能解决的问题分成许多小的部分，然后把这些部分分配给许多计算机进行处理，最后把这些计算结果综合起来得到最终的结果。

狭义的分布式计算是指两个或多个软件共享信息，这些软件既可以在同一台计算机上运行，也可以在通过网络连接起来的多台计算机上运行。

共享稀有资源和平衡负载是分布式计算的核心思想之一。

2. 主要特点

（1）稀有资源可以共享。每个组织在面向网络提供共享稀有资源的同时也可以获取其他组织所分享的稀有资源，利用分布式计算可以非常有效地汇集资源。

（2）通过分布式计算可以在多台计算机上平衡计算负载。

（3）可以把程序放在最适合运行它的计算机上。

（4）低廉的计算机价格和良好的网络访问的可用性。大量的互连计算机为分布式计算创造了理想环境。

（5）容错性。与单机计算相比，分布式计算提供了容错功能。可以通过资源复制维持系统故障情形下的资源可用性。

7.2.2 图计算

图（graph）由顶点（vertices）的有穷非空集合和顶点之间边（edges）的集合组成，表示为 $G(V, E)$。其中，G 表示一个图，V 是图 G 中顶点的集合，E 是图 G 中边的集合。根据 E 是否有方向，图可以分为有向图和无向图。根据 E 是否有权重，图可以分为权重图和非权重图。图的每个顶点 v 和每条边 e 都有关联的值，顶点和边的值可以修改。

随着图数据规模的不断增大，对图计算能力的要求越来越高，大量专门面向图数据处理的计算系统应运而生。

Pregel 由谷歌（Google）公司研发，是专用图计算系统的开山之作。Pregel 提出了以顶点为中心的编程模型，将图分析过程分解为若干轮计算，每轮计算由各个顶点独立地执行各自的顶点程序，通过消息传递在顶点之间同步状态。Giraph 是 Pregel 的一个开源实现，脸书（Facebook）公司基于 Giraph 使用 200 台机器分析万亿边级别的图数据，计算一轮页面排名（PageRank）算法用时近 4 分钟。

Gemini 由清华大学计算机系的团队提出。针对已有系统的局限性，该团队提出了以计算为中心的设计理念，通过降低分布式带来的开销并尽可能优化本地计算部分的实现，使得系统能够在具备扩展性的同时不失高效性。针对图计算的各个特性，Gemini 在数据压缩存储、图划分、任务调度、通信模式切换等方面都提出了对应的优化措施，比其他知名图计算系统的最快速度还要高 1 个数量级。

除了使用向外扩展的分布式图计算系统来处理规模超出单机内存的图数据，也有一些通过在单台机器上高效地使用外存来完成大规模图计算任务的解决方案，其中的代表有 GraphChi、X-Stream、FlashGraph、GridGraph、Mosaic 等。

7.2.3　批量计算与流计算

批量计算是指大数据批量计算的模式，以 2004 年 Google 公司提出的 MapReduce 处理模型为代表，MapReduce 处理过程采用"分而治之"的思想，把要处理的数据分割到多个处理节点上以减少数据传输的开销，之后把各个处理节点的处理结果进行汇总，不断循环执行以上流程，直到得到想要的结果。

流数据（或数据流）是指在时间分布和数量上无限的一系列动态数据集合体，数据的价值随着时间的流逝而降低，因此必须使实时计算实现秒级响应。流计算，顾名思义，就是对数据流进行处理，是实时计算。实时计算是指数据持续输入并进行处理，然后输出，数据处理限制在一个极小的时间段内。流计算是指实时获取来自不同数据源的海量数据，经过实时分析处理，获得有价值的信息。流计算秉承一个基本理念，即数据的价值随着时间的流逝而降低，如用户点击流。因此，当事件出现时应该立即进行处理，而不是缓存起来进行批量处理。为了及时处理流数据，需要一个低延迟、可扩展、高可靠的处理引擎。

批量计算首先进行数据的存储，然后对存储的静态数据进行集中计算。Hadoop 是典型的大数据批量计算架构，由 Hadoop 分布式文件系统（Hadoop distributed file system，HDFS）负责静态数据的存储，并通过 MapReduce 将计算逻辑分配到各数据节点进行数据计算和价值发现。

流计算中无法确定数据的到来时刻和到来顺序，也无法将全部数据存储起来。因此，不再进行流数据的存储，而是当流动的数据到来后在内存中直接进行数据的实时计算。例如，推特（Twitter）公司的 Storm、雅虎（Yahoo）公司的 S4 就是典型的流数据计算架构，数据在任务拓扑中被计算，并输出有价值的信息。

（1）金融银行领域的应用。金融银行领域的日常运营过程往往会产生大量数据，这些数据的时效性较短。因此，金融银行领域是大数据流计算最典型的应用场景之一，也是大数据流计算最早的应用领域。在金融银行系统内部，每时每刻都有大量的结构化数据在各个系统间流动，并需要实时计算。同时，金融银行系统与其他系统有着大量的数据流动，这些数据不仅包括结构化数据，而且包括半结构化数据和非结构化数据。通过对这些大数据的流计算，发现隐含于其中的内在特征，可以帮助金融银行系统进行实时决策。

（2）互联网领域的应用。随着互联网技术的不断发展，特别是 Web 2.0 以后，用户可以实时分享和提供各类数据。不仅使得数据量显著增加，而且使得数据更多地以半结构化和非结构化的形态呈现。据统计，目前互联网中 75%的数据来源于个人，主要以图片、音频、视频等数据形式存在，需要实时分析和计算这些大量、动态的数据。

（3）物联网领域的应用。在物联网环境中，各个传感器产生大量数据。这些数据通常包含时间、位置、环境和行为等内容，具有明显的颗粒性。由于传感器的多元化、差异化以及环境的多样化，这些数据呈现鲜明的异构性、多样性、非结构化、有噪声、高增长率等特征。所产生的数据量之密集、实时性之强、价值密度之低是前所未有的，需要进行实时、高效的计算。

7.2.4 云计算

1. 云计算的基本概念

云计算（cloud computing）的思想可以追溯到 20 世纪 60 年代，约翰·麦卡锡（John McCarthy）曾经提到"计算迟早有一天会变成一种公用基础设施"，这就意味着计算能力可以作为一种商品进行流通，就像煤气、水、电一样，取用方便、费用低廉。目前，云计算并没有统一的定义，有如下表达形式。

（1）云计算是指分布式计算（distributed computing）、并行计算（parallel computing）和网格计算（grid computing）的发展，或者说是这些科学概念的商业实现。

（2）云计算是指以虚拟化技术为基础，以网络为载体，以提供基础架构、平台、软件等服务为形式，整合大规模可扩展的计算、存储、数据、应用等分布式计算资源进行协同工作的超级计算模式。云计算使得计算资源能够被动态地有效分配，消费者（最终用户、组织或者信息技术部门）能够最大限度地使用计算资源但又无须管理底层复杂的技术。

2. 云计算的主要特征

云计算系统主要具有以下三个特征：第一，支持虚拟化。云计算系统可以看作一个虚拟资源池，通过在一个服务器上部署多个虚拟机应用，从而提高资源的利用率，当一个服务器过载时，支持负载的迁移。第二，高可靠性、可用性和可扩放性。云计算系统必须保证向用户提供可靠的服务，保证用户能够随时随地地访问所需要的服务，并且用户的系统规模变化时，云计算系统能够根据用户的需求自由伸缩。第三，自治性。云计算系统是一个自治系统，系统的管理对用户来讲是透明的，不同的管理任务是自动完成的，系统的硬件、软件、存储能够自动进行配置，从而实现为用户按需提供。

3. 云计算的类别

云计算可以大体分为四种：公共云、私有云、社区云、混合云。

公共云（又称为公有云、共有云）是基于标准云计算的一个模式，其中，提供商创造资源，如应用和存储，公众可以通过网络获取这些资源，公共云服务的模式可以是免费或按量付费。其实例包括亚马逊的弹性计算云（Amazon EC2）、IBM 的 Blue Cloud、Google 的 AppEngine 和微软的 Microsoft Azure 服务平台。公共云具有公开性，能聚集来自整个社会的、规模庞大的工作负载，从而产生巨大的规模效应。由于提供商支付了硬件、应用和贷款费用，公共云的安装简易并且便宜，能很好地满足需求的扩展性。

私有云（又称为专用云）是为客户单独使用而构建的，因此提供对数据、安全性和服务质量的有效控制。私有云可由企业的信息技术机构进行构建，也可由云计算提供商进行构建。在托管式专用模式中，IBM 等云计算提供商可以安装、配置和运营基础设施，以支持一个企业数据中心内的私有云。虽然每个公共云的提供商都对外宣称其服务在各方面都是非常安全的，特别是对数据的管理。但是对企业而言，特别是对大型企业而言，和业务有关的数据是其生命线，不能受到任何形式的威胁，所以短期内私有云在这方面是非常有优势的，它一般构筑在防火墙后。

社区云属于广义的公共云范畴，是指在一定的地域范围内，由云计算提供商统一提供计算资源、网络资源、软件和服务能力所形成的云计算形式，即基于社区内的网络互联优势和技术易于整合等特点，通过对区域内各种计算能力进行统一服务形式的整合，结合社区内的用户需求共性，实现面向区域用户需求的云计算服务模式。社区云通过更大范围的互联，成为云计算世界的组成部分。基于社区云的先进架构设计，结合下一代互联网的便利，我们会非常便利地提取出"云朵"的优势服务，为更大范围内的相似用户提供服务。社区云有四个特点：①区域性和行业性；②有限的特色应用；③资源的高效共享；④社区内成员的高度参与性。

混合云是目标架构中的公共云、私有云。由于安全和控制原因，并非所有企业信息都能放置在公共云上，因此大部分已经应用云计算的企业将会使用混合云模式，同时使用公共云和私有云。混合云混合并匹配私有云与公共云。在私有云里实现存储、数据库和服务处理，同时，在无须购买额外硬件的情况下，在需求高峰期充分利用公共云来完成数据处理。目前，很多企业朝着混合云的架构发展，这也是其实现利益最大化的关键。此外，混合云也为其他目的的弹性需求奠定了很好的基础，如灾难恢复。这意味着私有云把公共云作为灾难转移的平台，并在需要的时候去使用它。这是一个极具成本效应的理念。

7.2.5　边缘计算

1. 边缘计算的基本概念

边缘计算（edge computing）目前还没有一个严格的、统一的定义，有如下表达形式。

（1）边缘计算是指在网络边缘执行计算的一种新型计算模型。边缘计算中边缘的下行数据表示云服务，上行数据表示万物互联服务，边缘计算的边缘是指从数据源到云计算中心路径之间的任意计算和网络资源。

（2）边缘计算是指一种新的计算模式，它将地理距离或网络距离上与用户邻近的资源统一起来，为应用提供计算、存储和网络服务。简言之，边缘计算在数据源采取行动。

（3）边缘计算是指一种分布式计算框架，使企业应用更接近数据源，如物联网设备或本地边缘服务器。这样接近数据源可以带来真正的业务效益：快速获得洞察，缩短响应时间，提高带宽可用性。

（4）边缘计算模式可被比喻成章鱼。作为无脊椎动物中智商最高的一种动物，章鱼拥有巨量的神经元，但60%的神经元分布在章鱼的八条腿（腕足）上，脑部仅有40%的神经元。类似地，边缘计算就是将数据的处理、应用程序（application，APP）的运行甚至一些功能服务的实现由网络中心下放到网络边缘的节点上。网络边缘的资源主要包括移动手机、个人电脑等用户终端，无线网络接入点、蜂窝网络基站与路由器等基础设施，摄像头、机顶盒等嵌入式设备，Cloudlet、Micro Data Center等小型计算中心等。这些资源数量众多，相互独立，分散在用户周围，称为边缘节点。边缘计算就是要把这些独立分散的资源统一，为用户提供服务。

2. 边缘计算的主要特征

大数据时代下每天产生的数据量激增，在物联网万物互联的应用背景下的数据在地理上更加分散，并且对响应时间和安全性提出了更高的要求。尽管云计算为大数据处理提供了高效的计算平台，但是目前网络带宽的增长速度远远赶不上数据的增长速度，网络带宽成本的下降速度要比CPU、内存这些硬件资源成本的下降速度慢得多，同时，复杂的网络环境让网络延迟很难有突破性提升，因此，传统云计算模式需要突破带宽和延迟这两大瓶颈。边缘计算恰恰弥补了云计算的这些不足。边缘计算模型有三大优点：第一，在网络边缘处理大量临时数据，不再全部上传至云端，极大地缓解了网络带宽和数据中心能耗的压力；第二，在数据源头进行数据处理，不需要通过网络请求云计算中心的响应，大大减少了系统延迟，增强了服务响应能力；第三，用户的隐私数据不再上传，而是存储在网络边缘设备上，减少了数据泄露的风险，保护了用户数据安全和隐私。

3. 边缘计算的典型应用

边缘计算在公共安全中的实时数据处理、VR/AR、工业物联网、智能家居、智慧城市等众多应用领域取得了良好的效果。

公共安全从消防、出行等社会的各个方面影响着广大民众的生活。随着智慧城市和平安城市的建设，大量视频监控被安装到城市的各个角落，提升公共安全。虽然当前城市中布置了大量的摄像头，但是大部分摄像头不具备前置的计算功能，需要将数据传输至数据中心进行处理，或者需要人工的方式来进行数据筛选。建立基于边缘计算的检测系统，可以在前端或者靠近视频源的位置对视频内容进行判断，从而检测摄像头故障、内容错误，以及根据内容对视频质量进行动态调整。

VR和AR技术的出现彻底改变了用户与虚拟世界的交互方式。为保证用户体验，VR/AR的图片渲染需要具有很强的实时性。研究表明，将VR/AR的计算任务卸载到边缘服务器或移动设备，可以降低平均处理时延。

工业物联网是机器、计算机和人员使用业务转型所取得的先进的数据分析成果来实现智能化的工业操作。在工业物联网领域的应用实践中，对工业实时控制及边缘设备安全隐私的要求较高，并且产生的数据需要本地化处理，因此将边缘计算应用于工业物联网成为行业发展的方向。边缘计算应用于工业物联网有三个优势：第一，改善性能，工业生产中常见的报警分析等应用在靠近数据源的位置能更快地进行处理和决策，通过减少与云数据中心的通信，可以增加边缘处理的弹性；第二，保证数据安全和隐私，可以避免数据传输到共享数据中心后数据暴露等带来的安全隐私问题；第三，降低操作成本，通过在边缘进行计算处理，可以减少边缘设备和数据中心的数据传输量与带宽，从而减少工业生产中由网络、云数据中心计算和存储带来的成本。

随着物联网技术的发展，智能家居系统得到进一步的发展，其利用大量的物联网设备（如温/湿度传感器、安防系统、照明系统）实时监控家庭内部状态，接受外部控制命令并最终完成对家居环境的调控，以提升家居安全性、便利性、舒适性。然而，随着智能家居设备越来越多，且这些设备通常都是异构的，如何管理这些异构设备将会是一个亟待解决的问题。此外，由于家庭数据具有隐私性，用户并不总是愿意将数据上传至云端进行处理，尤其是一些家庭内部视频数据，边缘计算可以将计算推送至家庭内部网关，减少家庭数据的外流，从而降低数据外泄的可能性，提升系统的隐私性。

智慧城市是利用先进的信息技术，实现城市智慧式的管理和运行。边缘计算在智慧城市的建设中有丰富的应用场景。在城市路面检测中，在道路两侧路灯上安装传感器，收集城市路面信息，检测空气质量、光照强度、噪声水平等环境数据，当路灯发生故障时能够及时反馈至维护人员。在智能交通中，边缘服务器通过运行智能交通控制系统来实时获取和分析数据，根据实时路况来控制交通信号灯，以减轻路面车辆拥堵等。

7.3 管理领域的数据分析基本方法

7.3.1 描述统计分析基本方法

描述统计是通过图表或数学方法，对数据资料进行整理、分析，并对数据的分布状态、数字特征和随机变量之间的关系进行估计与描述的方法。描述统计分为集中趋势分析、离中趋势分析和推论统计三大部分。

（1）集中趋势分析主要靠平均数、中位数、众数等统计指标来表示数据的集中趋势。例如，被试者的平均成绩是多少？是正偏分布还是负偏分布？

（2）离中趋势分析主要靠全距、四分差、平均差、方差、标准差等统计指标来研究数据的离中趋势。例如，若想知道两个班级中哪个班级的语文成绩分布更分散，就可以用两个班级的四分差等来比较。

（3）推论统计是统计学乃至心理统计学中较新的一部分内容。它以统计结果为依据，证明或推翻某个命题。具体来说，通过分析样本与样本分布的差异，估算样本与总体、同一样本的前后测成绩差异，样本与样本的成绩差距、总体与总体的成绩差距是否具有显著性差异。例如，若想研究教育背景是否会影响人的智力测验成绩，可以找 100 名 24 岁大学毕业生和 100 名 24 岁初中毕业生，采集他们的一些智力测验成绩，用推论统计方法进行数据处理，最后得出的结论是大学毕业生组的成绩显著高于初中毕业生组的成绩，两者在 0.01 水平上具有显著性差异，说明大学毕业生组的一些智力测验成绩优于初中毕业生组。

7.3.2 假设检验基本方法

假设检验的基本方法为 t 检验。t 检验，亦称学生 t 检验（student's t-test），主要用于样本含量较小（如 $n<30$）、总体标准差 σ 未知的正态分布。t 检验用 t 分布理论来推论差异发生的概率，从而比较两个平均数的差异是否显著。

1. 适用条件

t 检验的适用条件如下：①已知一个总体平均数；②可得到一个样本平均数及该样本标准差；③样本来自正态分布或近似正态分布总体。

2. 主要分类

t 检验可分为单总体 t 检验和双总体 t 检验。

1）单总体 t 检验

单总体 t 检验是检验一个样本平均数与一个已知的总体平均数的差异是否显著。当总体分布是正态分布，如总体标准差未知且样本容量小于 30，那么样本平均数与总体平均数的离差统计量呈 t 分布。

单总体 t 检验统计量为

$$t = \frac{\overline{X} - \mu}{\dfrac{\sigma_X}{\sqrt{n}}} \qquad (7\text{-}1)$$

式中，$\overline{X} = \dfrac{\sum\limits_{i=1}^{n} x_i}{n}$ 为样本平均数；$i=1,2,\cdots,n$；$\dfrac{\sigma_X}{\sqrt{n}} = \sqrt{\dfrac{\sum\limits_{i=1}^{n}(x_i - \overline{x})^2}{n}}$ 为样本标准偏差；n 为样本数。

该统计量 t 在零假设 $\mu=\mu_0$ 为真的条件下服从自由度为 n 的 t 分布。

2）双总体 t 检验

双总体 t 检验是检验两个样本平均数与其各自所代表的总体平均数的差异是否显著。双总体 t 检验又分为两种情况：一种是独立样本 t 检验（各实验处理组之间毫无关联，即独立样本），用于检验两组非相关样本所获得的数据的差异性；另一种是配对样本 t 检验，用于检验匹配而成的两组样本获得的数据或同组样本在不同条件下所获得的数据的差异性，这两种情况组成的样本即相关样本。

A. 独立样本 t 检验

独立样本 t 检验统计量为

$$t = \frac{\overline{X_1} - \overline{X_2}}{\sqrt{\frac{(n_1-1)S_1^2 + (n_2-1)S_2^2}{n_1+n_2-2}\left(\frac{1}{n_1}+\frac{1}{n_2}\right)}} \qquad (7\text{-}2)$$

式中，S_1 和 S_2 为两样本方差；n_1 和 n_2 为两样本容量。

B. 配对样本 t 检验

配对样本 t 检验可视为单总体 t 检验的扩展，不过检验对象由一群来自常态分配独立样本更改为二配对样本观测值的差。若二配对样本 x_{1i} 与 x_{2i} 的差 $d_i = x_{1i} - x_{2i}$ 独立，且来自常态分配，则 d_i 的母体期望值 μ 是否为 μ_0 可利用以下统计量来确定：

$$t = \frac{\overline{d} - \mu_0}{S_d / \sqrt{n}} \qquad (7\text{-}3)$$

式中，$\overline{d} = \dfrac{\sum\limits_{i=1}^{n} d_i}{n}$ 为配对样本差值的平均数；$i = 1, 2, \cdots, n$；$S_d = \sqrt{\dfrac{\sum\limits_{i=1}^{n}\left(d_i - \overline{d}\right)^2}{n-1}}$ 为配对样本差值的标准偏差；n 为配对样本数。该统计量 t 在零假设 $\mu = \mu_0$ 为真的条件下服从自由度为 $n-1$ 的 t 分布。

7.3.3　相关分析基本方法

相关分析是研究两个或两个以上处于同等地位的随机变量间的相关关系的统计分析方法。例如，人的身高和体重之间、空气中的相对湿度与降水量之间的相关关系都是相关分析研究的问题。

相关分析就是对总体中确实具有联系的标志进行分析，其主体是对总体中具有因果关系的标志的分析。它是描述客观事物间关系的密切程度，并用适当的统计指标表示出来的过程。在一段时期内，出生率随经济水平上升而上升，这说明两指标间是正相关关系；在另一段时期内，随着经济水平进一步上升，出现出生率下降的现象，这说明两指标间是负相关关系。

为了确定相关变量之间的关系，首先应该收集一些数据，这些数据应该是成对的，如每人的身高和体重；然后在直角坐标系上描述这些点，这一组点集称为散点图。

根据散点图，当自变量取某值时，因变量对应为概率分布。若对于所有自变量取值的概率分布都相同，则因变量和自变量是没有相关关系的；反之，若自变量的取值不同，因变量的分布也不同，则两者是存在相关关系的。

两个变量之间的相关程度用相关系数 r 来表示。相关系数 r 的取值范围为 $[-1, 1]$，且可以是此范围内的任何值。当两个变量之间呈正相关时，r 的取值范围为 $(0, 1]$，散点图是斜向上的，此时，一个变量增大，另一个变量也增大；当两个变量之间呈负相关时，r 的取值范围为 $[-1, 0)$，散点图是斜向下的，此时，一个变量增大，另一个变量将减小。r 的绝对值越接近 1，两个变量的关联程度越强；r 的绝对值越接近 0，两个变量的关联程度越弱。

（1）复相关。复相关研究一个变量 x_0 与另一组变量 $(x_1, x_2, \cdots, x_n)$ 之间的相关程度。例如，如果职业声望同时受到一系列因素（收入、文化、权力……）的影响，那么这一系列因素的总和与职业声望之间的关系就是复相关。复相关系数 $R_{0.12\cdots n}$ 的测定过程如下：先求出 x_0 对一组变量 $x_1, x_2, \cdots, x_n$ 的回归直线；再计算 x_0 与用回归直线估计值㤰之间的简单直线回归。复相关系数的取值范围为[0, 1]。复相关系数越大，变量间的关系越密切。

（2）偏相关。偏相关研究在多变量的情况下当控制其他变量的影响后两个变量间的直线相关程度，又称净相关或部分相关。例如，偏相关系数 $r_{13.2}$ 表示控制变量 x_2 的影响后，变量 x_1 和变量 x_3 之间的直线相关。较简单直线相关系数，偏相关系数更能真实反映两个变量间的关系。

7.3.4　回归分析基本方法

在统计学中，回归分析（regression analysis）是指确定两种或两种以上变量间相互依赖的定量关系的一种统计分析方法。按照涉及的变量数量，回归分析分为一元回归分析和多元回归分析；按照因变量数量，回归分析分为简单回归分析和多重回归分析；按照自变量和因变量之间的关系类型，回归分析分为线性回归分析和非线性回归分析。

1. 线性回归

线性回归（linear regression）是最为人熟知的建模方法之一。线性回归通常是人们在学习预测模型时首选的方法之一。在线性回归方法中，因变量是连续的，自变量可以是连续的，也可以是离散的，回归线的性质是线性的。

线性回归使用最佳的拟合直线（也就是回归线）在因变量（Y）和一个或多个自变量（X）之间建立一种关系。

多元线性回归可表示为

$$Y=a+b_1X_1+b_2X_2+e \tag{7-4}$$

式中，a 为截距；b_1、b_2 为直线的斜率；e 为误差项。多元线性回归可以根据给定的预测变量来预测目标变量的值。

2. 多项式回归

对于一个回归方程，如果自变量的指数大于 1，那么它就是多项式回归（polynomial regression）方程：

$$Y=a+bX^2 \tag{7-5}$$

式中，a 为截距；b 为多项式系数。

在多项式回归方法中，最佳拟合线不是直线，而是一个用于拟合数据点的曲线。

3. 逐步回归

在处理多个自变量时，可以使用逐步回归（stepwise regression）。在逐步回归方法中，自变量的选择是在一个自动的过程中完成的，其中包括非人为操作。

逐步回归通过观察统计量的值，如 R 平方（R-square）、t 统计量（t-statistics）和赤池信息准则（Akaike information criterion，AIC）指标，来识别重要的变量。逐步回归通过同时添加、删除基于指定标准的协变量来拟合模型。下面列出了一些常用的逐步回归方法。

（1）标准逐步回归法做两件事情，即添加和删除每个步骤所需的预测。

（2）向前选择法从模型中最显著的预测开始，在每步添加变量。

（3）向后剔除法与模型的所有预测同时开始，在每步删除最小显著性的变量。

逐步回归方法使用最少的预测变量来最大化预测能力。这也是处理高维数据集的方法之一。

4. 岭回归

若数据之间存在多重共线性（自变量高度相关），就需要使用岭回归（ridge regression）方法。当存在多重共线性时，尽管最小二乘法（method of least square，MLS）测得的估计值不存在偏差，但是它们的方差会很大，从而使得观测值与真实值相差甚远。岭回归方法通过给回归估计值添加一个偏差值来降低标准误差。

岭回归方法通过收缩参数 λ 解决多重共线性问题。

5. LASSO 回归

最小绝对值收缩与选择算子（least absolute shrinkage and selection operator，LASSO）回归又称套索回归。类似于岭回归，LASSO 回归也会就回归系数向量给出惩罚值项。此外，它能够减少变化程度并提高线性回归模型的精度。

与岭回归相比，LASSO 回归有一点不同，它使用的惩罚函数是 L_1 范数，而不是 L_2 范数。这导致惩罚值（或等于约束估计的绝对值之和）使一些参数估计结果等于零。惩罚值越大，进一步估计会使得缩小值越趋近于零，因此可以从给定的 n 个变量中选择变量。

如果预测的一组变量是高度相关的，LASSO 回归会选出其中一个变量并且将其他变量收缩为零。

7.3.5　关联分析基本方法

关联分析基本方法最常见的运用是购物篮分析，用于知识发现，是一种基于规则的机器学习算法，属于无监督的机器学习方法。其目的是利用一些度量指标来分辨数据库中存在的强规则。通常采用最小支持度（minimum support）和最小置信度（minimum confidence）的度量方法，从所有可能规则的集合中选择感兴趣的规则。

Apriori 算法常用于关联分析，其目标包括发现频繁项集和发现关联规则。

1. 发现频繁项集

频繁项集是指经常出现在一起的集合。给定数据集，采用 Apriori 算法发现频繁项集只需要一个输入参数，即最小支持度。Apriori 算法初始生成所有单个物品的候选集，其次扫描数据集，滤掉小于最小支持度的候选集，再次把剩下的集合进行组合，生成包含两个元素的候选集，如此持续下去，直到所有候选集被消去。在检索的过程中，Apriori 算法遵循两条定律来缩小搜索范围、提高运算速度。

Apriori 定律 1：如果一个集合是频繁项集，那么它的所有子集都是频繁项集。例如，假设集合 $\{A, B\}$ 是频繁项集，即 A、B 同时出现在一条记录的次数大于等于最小支持度，则它的

子集 {A}、{B} 出现的次数必定大于等于最小支持度，即它的子集都是频繁项集。

Apriori 定律 2：如果一个集合不是频繁项集，那么它的所有超集都不是频繁项集。例如，假设集合 {A} 不是频繁项集，即 A 出现的次数小于最小支持度，则它的任何超集如 {A, B} 出现的次数必定小于最小支持度，因此其超集必定也不是频繁项集。基于这条定律，Apriori 算法避免计算非频繁项集及其所有超集的支持度。检索出频繁项集之后，检索出所有合乎要求的关联规则。

2. 发现关联规则

关联规则源于频繁项集，任意一个频繁项集都能产生若干条关联规则。关联规则的量化指标是置信度，规则 P→H 的置信度定义为 support（P∪H）/support（P）。对于任何一个频繁项集，其产生的所有关联规则都要计算置信度，把低置信度的规则去掉。但是，若频繁项集的元素太多，就可能产生很多关联规则。为了降低计算复杂度，利用以下定律：若某条规则不满足最小置信度需求，则该规则的所有子集也不满足最小置信度需求。

7.3.6　聚类分析基本方法

聚类分析是将研究对象分为相对同质的群组（clusters）的统计分析方法。聚类的输入是一组未被标记的样本，聚类根据数据自身的距离或者相似度将其划分为若干组，划分的原则是组内距离最小化而组间（外部）距离最大化。聚类分析无须事先人为地给出分类的标准，它能够以样本数据为基础，自动进行分类。这个过程中使用不同的方法会得到不同的结论，因此所得到的聚类数未必一致。

1. k 均值聚类

k 均值聚类是最著名的聚类算法，由于简洁和效率高，成为最广泛使用的一种聚类算法。给定一个数据点集合和需要的聚类数 k，其中，k 由用户指定。k 均值聚类根据某个距离函数反复把数据分入 k 个聚类中。距离可以选择闵可夫斯基（Minkowski）距离：

$$\text{dist}(X,Y) = \left(\sum_{i=1}^{n} |x_i - y_i|^p \right)^{\frac{1}{p}} \tag{7-6}$$

当 p=2 时，为欧几里得距离。

2. 层次聚类

层次聚类（hierarchical clustering）通过计算不同类别数据点间的相似度来创建一棵有层次的嵌套聚类树。在层次聚类树中，不同类别的原始数据点是树的底层，树的顶层是一个聚类的根节点。

层次聚类使用欧几里得距离来计算不同类别数据点间的距离（相似度）：

$$D = \sqrt{(x_1 - y_1)^2 + (x_2 - y_2)^2} \tag{7-7}$$

将数据点、数据组合计算结果以树状图的形式展现出来就是层次聚类树。例如，底层是 A~G 的 7 个原始数据点。依照 7 个原始数据点间的相似度组合为聚类树的第二层（A, F）、

（B, C）、（D, E）和 G。以此类推，生成完整的层次聚类树。

3. 具有噪声的基于密度的聚类

具有噪声的基于密度的聚类（density-based spatial clustering of applications with noise，DBSCAN）是一种典型的密度聚类方法，与 k 均值聚类、基于层次结构的平衡迭代聚类（balanced iterative reducing and clustering using hierarchies，BIRCH）这些只适用于凸样本集的聚类方法相比，DBSCAN 既适用于凸样本集，也适用于非凸样本集。

DBSCAN 算法描述如下。

（1）输入：包含 n 个对象的数据库，半径为 e，最少数量为 MinPts。

（2）输出：所有生成的簇达到密度要求。

（3）重复迭代：从数据库中抽出一个未处理的点；IF 抽出的点是核心点 THEN 找出所有从该点密度可达的对象，形成一个簇；ELSE 抽出的点是边缘点（非核心对象），跳出本次循环，寻找下一个点；UNTIL 所有的点都被处理。

DBSCAN 算法对用户定义的参数很敏感，细微的不同可能导致差别很大的结果，而参数的选择无规律可循，只能靠经验确定。

7.3.7 分类分析基本方法

分类是一个有监督的学习过程。目标数据库中有些类别是已知的，分类就是把每条记录归到对应的类别中。

1. 支持向量机分类模型

在统计学习理论基础上发展起来的支持向量机（support vector machine，SVM）是一种专门研究有限样本预测的学习方法。

在线性可分情况下，支持向量机的工作原理便是在原空间寻找两类样本的最优分类超平面。

可划分类别的直线就是一条以 w 为法方向且能够正确划分两类点的直线，显然，这样的直线并不唯一。不改变法方向，平行地向右上方或左下方推移直线，直到碰到某类训练点。这样就得到了两条极端的直线和，在和之间的平行直线都能正确划分两类点，在和中间的直线 L 为最优，它使得两类样本的分割距离最远。

2. 决策树分类模型

机器学习中通常使用决策树（decision tree）分类模型。常见的决策树有分类树（classification tree）和回归树（regression tree）。对于回归树，在选择特征的过程中，将要拆分的父节点表示为 S，左、右子节点表示为 L 和 R，通常采用平方误差和（error sum of square，SSE）来刻画节点 S 的异质性。

3. 随机森林分类模型

随机森林（random forests，RF）又称随机决策森林（random decision forests，RDF），

是用于分类、回归等任务的集成学习方法，该方法在训练时构造大量决策树并输出类模式（分类）或均值预测（回归）。何天琴（Tin Kam Ho）使用尤金·克莱因伯格（Eugene Kleinberg）提出的随机判别分类思想，通过随机子空间方法创建了第一个随机森林算法。随机森林是以决策树为基学习器的集成学习算法，黑斯蒂（Hastie）等指出，树学习"最接近满足用作数据挖掘的现成过程的要求"……"因为在缩放和特征值的各种其他变换下它不变"，包含不相关的特征，并生成可检查的模型。但是单独使用决策树容易出现过分适合训练集，即偏见度低但方差很大的情况。随机森林是一种对多个深度决策树求平均的方法，这些决策树是在同一训练集的不同部分上进行训练的，目的是减少方差。随机森林通常使用分类回归树（classification and regression tree，CART）方法进行生长，使用二进制拆分方式将树递归地划分为同质或接近同质的终端节点（树的末端）。自动化测试框架（robot framework，RF）软件代码中实施了四种可变重要性措施，通常使用基于节点杂质的基尼（Gini）指数和带外（out of band，OOB）数据分类精度两种方法。

第 8 章
管理实践案例

8.1 案例 1：人工智能赋能 A 企业的新零售

二手车是典型的非标产品，在不同的时间点，价格不一样，因此二手车的交易基本为定价交易，在线下很难完成。在出现电商之前，我国的二手车商规模都较小，车商有 10 万家以上，每年总销量为 1000 万辆。在此背景下，A 企业一直致力于扩大规模，希望能为用户提供更多的选择。

第一，构建产品基因库。每年市场上有三四百万辆车是通过 A 企业的评估师进行检测的。评估师的技术水平各不相同，但通过系统能把每个动作标准化，包括图片怎么拍、划痕怎么界定等，将所有数据标准化，这些内部数据最终会被归入 A 企业的数据库中。数据库还包含了外部数据，如每辆车的维修保养记录（现在 85% 的车都可以在授权允许范围内查到其维修保养记录）等。此外，还有线上数据，如每辆车在保养时的跟踪行为轨迹、每辆车的停留时间。基于这个数据库，A 企业的平台就能为买家提供更优质的推荐。A 企业推出了名为"千人千面"的产品，即每个人在平台上看到的车都不一样。线下的经验结构是评估师会总结出现故障的车的型号、部件，其他同类型车也有可能会出现同样的问题。

A 企业的汽车基因库包括车辆的数据、买家数据、卖家数据、销售数据、客服数据、评估师数据，如评估师的评估流程、买卖方的成交情况等。

第二，运用智能算法。全国若干城市中检测步骤都是标准化的。买家看到的价格就是成交价格，A 企业提取的是服务费用，因为不赚差价，为使价格更符合市场供应价，有 295 项检测数据输入后台便于进行评估。

在检车之后，首先，A 企业会给这辆车进行详细的报告和估价，如果卖家与 A 企业能够在估价上达成共识，那么 A 企业就先垫付给卖家一定比例的款项，注意，这并不代表该车所有权转移给了 A 企业。然后，车在 A 企业二手车严选直卖店里进行整备，以最低的成本来让旧车焕然一新，例如，四轮定位的价格在市面上为 300 ~ 500 元，但是在 A 企业二手车店中只要 30 元。最后，车挂在 A 企业的网站上面向客户端出售。如果买家购买这辆车，那么将会支付给 A 企业一笔购车款，A 企业再将尾款支付给卖家，卖家直接过户给买家。

为检测定价系统的准确性，A企业让定价系统和一个具有五年工作经验的评估师进行比赛，双方分别给出一个价格，最终比较哪一方的估价更接近成交价格，结果是定价系统战胜了具有五年工作经验的评估师。针对每个买家喜欢的颜色、车型、使用年限以及每个月停车时间，A企业平台会进行个性化推荐。如果买家在浏览红色的车时花费时间较久，A企业平台下次会着重推荐红色的车。A企业广告费为10亿元，有5亿元被投入到线上，用于追踪这些客户的浏览直至成交的痕迹，以此作为广告素材，并利用分类模型、聚类模型、回归模型进行评测。

与日常消费品等电商不同，二手车电商涉及的链条长得多，需要各种配套服务，这自然就产生了很多应用场景，特别是在布局线下店后，场景更加丰富，包括门店、咨询、仓储、检测等。正是基于这些丰富的场景，A企业的人工智能技术得以在智能客服、智能场地、智能验车、用户画像、风险控制等方面进行应用。反过来，这些应用场景提供的反馈信息也能进一步丰富数据库、锤炼算法，形成正循环。

资料来源：根据网络整理。

思考题

1. 信息技术在A企业二手车的新零售模式中如何应用？
2. 大数据和人工智能如何为A企业新零售模式赋能？

8.2 案例2：大数据再造B公司

B公司以交通大数据市场化运营为主线，积极围绕大数据核心业态、关联业态和衍生业态开展主营业务，打造交通行业大数据全产业链。在大数据核心业态方面，重点建设交通大数据研发中心，通过生产共享、创新应用、交流协作等方式，实现对行业数据的清洗、挖掘、加工、共享、研究，形成交通行业大数据发展的核心技术力量。在大数据关联业态方面，一是做强电子不停车收费（electronic toll collection，ETC）通卡。B公司助推贵州省成为西南地区首个实现ETC全国联网的省份，并努力将贵州省打造为全国ETC运营示范省份。二是持有贵州省仅有的两块"第三方支付牌照"之一。以支付牌照资源为依托，为所有ETC通卡用户提供精准营销、保险代理等多项服务，着力构建交通后服务互联网生态圈。在大数据衍生业态方面，着力打造信息高速网。B公司正在全面升级改造高速公路信息网络，助推贵州省大数据产业发展，以信息高速网为基础同步推进出行服务、智慧物流、行业管理、交旅融合等多方面信息化运用，不断提升行业服务水平，让公众有更多大数据获得感。

未来，ETC通卡线上、线下的应用场景将不断拓展，在城市商户、高速服务区实现刷卡购物、餐饮消费、汽车服务功能，在高铁车站、地铁车站、大型商圈、社区等停车场实现无障碍停车等，为用户出行带来更多的便利。

资料来源：根据网络整理。

思考题

1. 结合交通行业的大数据发展使用情况,简要说明 B 公司是如何利用大数据发展企业的。
2. 在未来,B 公司还有哪些方面可以继续改进、发展?

8.3 案例 3: 大数据驱动 C 便利店

近来,无人店概念很火,一般是指没有营业员的店;但是 C 便利店的无人店不是指没有营业员,而是说整个经营决策过程中没有人。售卖、上货、清洁都是有人的,但是它的经营决策是由一台系统自动完成后,每 15 分钟推送给店铺的。C 便利店认为,每个有人的节点都会导致整体效率下降。因此,C 便利店列出了很多项员工的技能,最重要的是订购、生产、排班、定价,这些都要智能化。培养一个优秀店长大概需要 2 年,但在 C 便利店,对于一个从来没有接触过便利店或快餐行业的员工,C 便利店的整套系统将他培养成为店长只需要 6 个月。很多商品都是 24 小时、48 小时过期的,属性非常像航空公司或者酒店,便利店最"忌讳"的就是食品过期,因此,C 便利店用了航空公司大量采用的动态定价、电子价签的方法,店长完全不用操心也不用了解商品的销售情况,如果保质期快到了,电子价签会自动翻红。当店铺的任何一个商品打折时,电子价签都会提醒店长。在 C 便利店的系统中,几点面包的销量低于预期、几点开始打折、打几折、几点恢复原价等都存在一系列的按时间排布的数据序列。

如今,C 便利店正在加速开设新店,加大力度投入食品研发和生产,继续运用大数据和算法支撑门店运营。在我国,想要大规模开设便利店,需要把整个日常经营环节中人的决策替换为全部由计算机通过复杂的数据结构进行沟通,这样才能获得最佳的效率,并且保证每家店都能运营良好。

资料来源:公司官网。

思考题

1. C 便利店如何更好地管理用户信息?
2. C 便利店如何利用数据选择产品,更好地满足用户需求?

8.4 案例 4: D 企业——用人工智能助力圈层营销

近年来,车企的品牌传播不断从传统媒体转战新媒体,以低成本、高效率的优势提升品牌知名度及影响力。

在新媒体环境下,人人都是传播者,正如腾讯对自家的自媒体的定义一样:再小的个体,也有着自己的品牌。D 企业作为全球性的知名汽车品牌,当然也有着属于自己的自媒体平台,以此来为自己代言,如官方微博和官方微信公众平台。官方微博和官方微信公众平台是目标用户与粉丝获取 D 企业信息的最主要渠道，无论是对新产品的探知，还是企业的新闻和活动动态，都可以在这里得到最全面和立体的了解，也是 D 企业充分传播自我、宣传自我的最主要渠道。D 企业可以利用几乎零成本的自媒体平台按照自身的传播计划进行针对性的信息发布，弥补其他媒体对于品牌信息传播的缺失，并在品牌发生危机时，引导品牌舆论向着有利于自身利益的方向发展。D 企业利用官方微博所具有的实时更新且信息量大的特点，传播品牌的活动新闻，尤其是对品牌形象具有重要正面影响的公关活动，维持粉丝对品牌美誉度的追求，有趣的短视频、精美的九宫格图片和图像互换格式（graphics interchange format，GIF）动画在众多的信息更新中提升了粉丝阅读的兴趣。官方微信公众平台相对于官方微博更多了一份情感，利用长文章的传播方式，更加注意阅读的形式和内容的深度，以传播产品背后的故事及品牌文化为主，使用户达到感情上的共鸣。此外，手机短信目前借用新媒体的技术也开始了超文本标记语言第五个版本（hypertext markup language 5，HTML5）链接的功能推送，主要针对老客户，利用短信加 HTML5 链接的形式与用户互动，配合官方微博和官方微信公众平台的传播，引导老客户的圈层转发，最终引导关注微博和微信，成为产品信息的传播者和受传者。

资料来源：中国管理案例共享中心案例库。

思考题

1. D 企业如何通过圈层营销打破传统企业营销屏障？
2. D 企业如何实现"人工智能+营销"的圈层营销？

8.5　案例 5：数据驱动的 E 便利店依靠"门店画像"开店

有专家认为，便利店想要实现规模化，首先，把一个区域扎得最深；然后，开发周边的市场，对于不同区域甚至不同消费场景，便利店也需要提供不同的服务，以满足不同的消费需求；最后，提高商品、服务与周边客群的匹配程度。基于这样的背景，更多品牌希望借助数字化解决这些问题。E 便利店在这方面走在前列，利用大数据给每个门店画像。这个画像不仅包括选址，而且包括定位、商品结构等一系列问题。事实上，在"人货场"的数字化路途中，"场"的数字化并不比"人"的数字化容易。因此，E 便利店依靠"门店画像"打造千店千面。

对于 E 便利店，数据化驱动不仅带来了后台的变化，而且给前台带来了很多改变。例如，E 便利店的门店实现了电子价签。其并非由人工进行控制，而是全部由数字化系统完成。

虽然有了大数据的工具，但是在零售业最基础、最重要的现场管理层面仍旧离不开人的经验与指导。数据运营与现场管理不能相互替代。E 便利店从成立之初就希望通过技术打破传统便利店的顶层模式，从一开始就掌握消费信息，在数据积累到一定时期后，通过算法推算店铺位置、消费者的喜好以及进货数量。相较于传统便利店，E 便利店在提升效率、满足个性化的同时，也可以更快速地实现规模化。

资料来源：公司官网。

思考题

1. E 便利店利用数据的思路在日常经营过程中起到了怎样的作用？

2. E 便利店未来努力的方向具体是什么？

8.6　案例 6：大智云时代，是机会还是威胁？

相比于国际科技巨头，F 企业是在智能语音乃至人工智能领域拥有源头创新能力的本土企业。F 企业把研发放在战略高度，坚持以市场为导向进行核心技术的创新和迭代。

F 企业构建源头技术壁垒，首要的表现形式是持续、高强度的研发投入。一方面构建企业自身的核心研发平台，另一方面从源头整合外部行业研发资源，通过与高校及科研机构、政府部门及企事业单位、行业企业、独立科研团队以共建联合实验室等形式展开合作，构建了一套特殊的研发体系。

在关键资源能力方面，加大研发投入，保持平台优势。这就要求 F 企业加大研发投入，留住优秀人才，并吸引大批优秀人才。F 企业依托于资本的力量，加大股权激励的力度，把企业的未来和员工的利益捆绑起来，这是更现实的吸引高端人才的方式。

目前，F 企业重资产经营的特点尤为明显，每年增加研发投入，研发费用资本化处理，公司非流动资产占比或将继续提高，其重资产经营的特征短期内或难以改变，甚至进一步加剧。F 企业需要充分利用各种外界资源，减少自身投入，把自身资源集中于产业链利润最高的环节，将着眼点放在经营杠杆上，如此才足以提高企业的盈利能力。

资料来源：梅新蕾，李伟. 2018. 科大讯飞：探寻人工智能的实现路径. 清华管理评论, (12): 9. 作者有改动。

思考题

1. F 企业增加研发投入的利弊是什么？

2. 大智云时代给 F 企业带来了哪些机遇？

8.7　案例 7：G 企业物联网时代起航

物联网是新一代信息技术的重要组成部分，也是信息化时代的重要发展阶段。社群经济、共享经济、体验经济也被认为是物联网的三大特征。社群经济就是根据每个人的需求为他提供场景服务。物联网时代的繁荣与否永远离不开与人的需求的联系，也就是新时代的体验经济。G 企业在物联网时代上多年的探索依靠的便是对于物联网时代终局思维的把握与独一无二的路径引领。

G 企业拥有践行黑海战略的重要基石——链群。简单讲，链群是一种非线性的自治组织，在整个链条上实现从销售到生产的目标统一：生产行业销售顺畅的"爆款"，而不仅是一个产品。

为了实现这个目标，需要把用户和生产的全部环节串起来。这意味着如果某个体验链群发现了新的用户需求或者问题反馈，便可以直接快速找到生产链条上相关的负责人，调动生产力或者解决问题，引发创单链群后续工作的迭代创新，最终才能成功在电商平台上获得引爆。链群取代了原本企业控制生产产品的手，让真正参与用户价值创造和订单交付全流程的人掌握自主权，以衔接团队间的协作，实现价值创造与分享。

资料来源：赵亚男，李皎. 2022. 海尔如何用"黑海战略"，开辟全新战场. (2022-11-22)[2023-10-10]. http://www.360doc.com/content/22/1122/18/49467724_1057100242.shtml. 作者有改动。

思考题

1. G 企业在物联网时代如何提升企业的竞争力？

2. G 企业的"黑海"是什么？

8.8 案例 8：大数据助力群租房管理

H 城市利用大数据破解群租房管理难题。工作人员通过水、电、气消耗数据分析，发现群租房，然后通过数据变化，监管群租房的使用状态。按照反恐、治安、消防、安全、卫生等 46 类隐患防范要求，通过大数据分析，把出租房划分为重点户、关注户、普通户。对每户出租房进行居住信息登记并生成二维码，网格员通过二维码有针对性地采集、核查出租房的人员和安全情况。在基础摸查环节，通过政府购买服务等方式，由协管员、社工、社区民警等政府力量与劳动密集型用工企业、小区物业公司、业主委员会、房屋中介机构等协作，共同对辖区内的出租房进行地毯式摸查，按一户一档的原则建立档案资料，作为原始基础数据。

H 城市运用大数据技术手段，加快推进租赁住房、房屋租赁中介机构、物业服务企业相关信息以及水、电、气用量异常等群租房相关数据的采集汇聚和共享应用。发动社区民警把上门走访与健康登记、平台申报、数据推送等有机结合，及时对台账底册进行增删改，力求全面、真实、准确地掌握全市流动人口、租赁房屋特别是群租房的底数。

资料来源：刘聪. 2020. 大数据助力群租治理. 上海房地，(9): 9-12. 作者有改动。

思考题

1. H 城市是如何运用大数据技术辅助群租房管理的？

2. 在您所在的城市是否有群租房现象？要如何运用大数据技术来管理？

8.9　案例 9：I 企业大数据应用的特色

I 企业的大数据应用有如下三个特色。

一是运用大数据差异化定价。I 企业免费给客户提供计算驾驶里程的智能设备和 APP，并以售卖新形式车险来实现企业盈利。其根据智能设备传输并获取车辆驾驶数据，按车辆实际驾驶里程定价，实现差异化——车主驾驶里程越小，车险保费越低。按里程定价的原理不但通俗易懂，便于车主理解接受，而且有利于实现车险保费公平化，提高对潜在客户群的吸引力。未来的车险将向着更公平、更简单、更透明化的方向发展，车辆驾驶数据也将成为车主的一项个人资产。

二是利用智能增值服务解决客户痛点问题。传统模式下，普通车险保费收入的 65%用于索赔支出，5%用于营销，两者占车险保费收入的大部分。I 企业力图创新打破传统模式，不仅其产品在价格上有优势，而且通过智能设备接收数据，为车主提供便捷有效的智能服务。例如，在 iOS 系统的 APP 中，车主可以看到每英里（1 英里=1609.344 米）需要耗费的汽油量，优化出行路线；APP 还通过提醒车主谨慎驾驶降低车祸事故率等。这种新颖模式在增加用户黏性的同时，积累了大量数据，也为 I 企业节省了理赔费用和营销广告费用支出。

三是完善的售后服务保障。I 企业把这些数据分析运用在汽车保养维修和汽油定价的后续工作中。例如，I 企业会告知车主哪条路线适合车辆驾驶，所选路线可能既平坦又距离最近；车主可以在 APP 中了解车辆使用过程中存在的任何问题细节，所以当车主去修理厂时也不容易被修车人员欺骗。I 企业的服务理念是，让客户在看到"检查引擎灯亮"时不是担心而是放心地交给 I 企业处理。

资料来源：Xing 等的 *Strategies and principles of distributed machine learning on big data*。

思考题

1. I 企业如何运用大数据差异化定价？
2. I 企业如何利用智能增值服务解决客户痛点问题？

8.10　案例 10：J 公司大数据应用的特色

与一般的医疗保险公司不同，J 公司成立之初就尝试运用大数据推动老年人医疗健康保障发展，同时让购买商业医疗保险的客户享受较低的保费。此外，J 公司首先根据理赔信息来追踪客户的病史，从而判断哪些客户具有较高的疾病和理赔风险，然后帮助这些客户改善健康状况，提高整体的临床治疗效果，达到从治疗疾病到预防疾病的目的。

J 公司大数据应用的特色如下。

一是开发创新性的非结构化数据整合技术。该技术有助于识别患者潜在风险和帮助医生提供更好的医疗服务。J 公司首先通过收集保险理赔信息来追踪客户的病史；然后将这些非结构化数据整合到一个完整的系统中，建立软件模型，以区分不同人群的患病风险，这是 J 公司提供保险服务的重要基础；最后根据客户不同程度的风险状况进行健康干预，从而减少客户的治疗费用和保险公司的理赔费用。

二是改变治疗疾病模式为预防疾病模式。J 公司的经营方式是将以患者为中心的数据分析与专业的健康护理相结合，找出保障计划内成员的潜在风险，并据此提供直接的预防护理，有效减少患者去医院治疗的次数，从而减少患者的住院治疗费用，也给 J 公司带来了更多的收入。J 公司采取实时数字记录患者当下的健康状态和历史情况，并综合患者个人电子病历（electronic medical record，EMR，是基于一个特定系统的电子化患者记录，该系统具有提供完整准确的客户访问数据、警示、提示和临床决策支持系统的能力）的合格检查，全面了解患者的健康状况。基于此，J 公司扮演私人医生的角色，帮助患者变得更健康，例如，鼓励他们吃一些处方药，或者全程管理患者的慢性疾病。

三是提供更多的优惠服务。J 公司比其他健康险公司出色的主要原因有两点：一是不收取客户线下去医院咨询医生的额外费用；二是定期梳理客户的健康数据，并对其作相应预测，同时帮助客户控制病情，雇用专业的医疗护理队伍为其提供预防护理服务。在客户病情需要时，护士和医生会专门到客户家中为其做近距离检查。J 公司的高级管理层认为，公司所推行的这些市场战略都得益于科技的进步，使得其比传统健康险公司更有优势。

资料来源：赵艳丰. 2019. 美国财险业界的大数据应用. 中国保险报, 2019-09-18(004). 作者有改动。

思考题

1. J 公司的大数据应用特色是什么？
2. 我国的医疗保健公司是否可以运用相关的大数据技术？

参 考 文 献

《管理学》编写组, 2019. 管理学. 北京: 高等教育出版社.

彼得·德鲁克, 2006. 管理的实践. 齐若兰, 译. 北京: 机械工业出版社.

彼得·圣吉, 1998. 第五项修炼: 学习型组织的艺术与实务. 郭进隆, 译. 上海: 上海三联书店.

蔡一, 1996. 华夏管理文化精粹. 北京: 高等教育出版社.

陈全, 邓倩妮, 2009. 云计算及其关键技术. 计算机应用, 29 (9): 2562-2567.

陈曦, 马赫, 2014. 慢国美 PK 快苏宁. 中国企业家, (6): 26-27.

陈晓萍, 2009. 跨文化管理. 2 版. 北京: 清华大学出版社.

戴尔 E, 1991. 伟大的组织者. 孙耀君, 译. 北京: 中国社会科学出版社.

丹尼斯·A. 雷恩, 2009. 管理思想史. 5 版. 孙健敏, 黄小勇, 李原, 译. 北京: 中国人民大学出版社.

德鲁克基金会, 2006. 未来的组织. 方海洁, 等, 译. 北京: 中国人民大学出版社.

丁雪辰, 柳卸林, 2018. 大数据时代企业创新管理变革的分析框架. 科研管理, 39 (12): 1-9.

弗雷德里克·泰勒, 2013. 科学管理原理. 马风才, 译. 北京: 机械工业出版社.

淦文燕, 李德毅, 王建民, 2006. 一种基于数据场的层次聚类方法. 电子学报, 34 (2): 258-262.

哈罗德·孔茨, 海因茨·韦里克, 2014. 管理学: 国际化与领导力的视角. 英文版. 精要版. 9 版. 北京: 中国人民大学出版社.

哈默 M, 钱皮 J, 2007. 企业再造. 王珊珊, 等, 译. 上海: 上海译文出版社.

郝枝林, 刘飞, 2012. 渠道为主: 找我对渠道做销售. 北京: 中国财富出版社.

何清, 李宁, 罗文娟, 等, 2014. 大数据下的机器学习算法综述. 模式识别与人工智能, 27 (4): 327-336.

赫伯特·A. 西蒙, 2014. 管理行为. 詹正茂, 译. 北京: 机械工业出版社.

亨利·法约尔, 2013. 工业管理与一般管理. 迟力耕, 张璇, 译. 北京: 机械工业出版社.

亨利·明茨伯格, 2007. 明茨伯格论管理. 闫佳, 译. 北京: 机械工业出版社.

胡文波, 徐造林, 2010. 分布式存储方案的设计与研究. 计算机技术与发展, 20 (4): 65-68.

黄卫伟, 2014. 以奋斗者为本: 华为公司人力资源管理纲要. 北京: 中信出版社.

杰里米·里夫金, 2012. 第三次工业革命. 张体伟, 译. 北京: 中信出版社.

江苏省商标战略实施工作领导小组办公室, 江苏省工商行政管理局, 江苏省广播电视总台财经广播, 2015. 倾听成长的声音. 广州: 羊城晚报出版社.

亢良伊, 王建飞, 刘杰, 等, 2018. 可扩展机器学习的并行与分布式优化算法综述. 软件学报, 29 (1): 109-130.

科特 J P, 2008. 权力与影响力. 李亚, 王璐, 赵伟, 等, 译. 北京: 机械工业出版社.

科特 J P, 2008. 总经理. 耿帅, 译. 北京: 机械工业出版社.

克里斯·阿吉里斯, 2004. 组织学习. 2 版. 张莉, 李萍, 译. 北京: 中国人民大学出版社.

拉里·罗森伯格, 约翰·纳什, 安·格雷厄姆, 2014. 大决策: 大数据时代的预测分析和决策管理. 陈建, 胡志丽, 译. 上海: 上海社会科学院出版社.

林琳, 何尧妃, 2015. 浅议云计算的分类与特点. 移动信息, (6): 25-28.

刘聘, 2020. 大数据助力群租治理. 上海房地, (9): 4.

刘志迎, 俞仁智, 何洁芳, 等, 2014. 战略导向视角下组织文化变革与双元能力的协同演化——基于科大讯飞的案例研究. 管理案例研究与评论, 7 (3): 13.

龙静, 冯帆, 杨忠, 2012. 企业知识共享的促进、阻碍与管理举措——以江苏通灵公司 "组织智慧" 构建为例. 经济管理, 34 (7): 60-70.

龙少杭, 2015. 基于 Storm 的实时大数据分析系统的研究与实现. 上海: 上海交通大学.

陆平, 李建华, 赵维铎, 2019. 5G 在垂直行业中的应用. 中兴通讯技术, 25（1）: 67-74.

梅新蕾, 李伟, 2018. 科大讯飞: 探寻人工智能的实现路径. 清华管理评论, （12）: 9.

彭虎锋, 黄漫宇, 2014. 新技术环境下零售商业模式创新及其路径分析——以苏宁云商为例. 宏观经济研究, （2）: 108-115.

任江涛, 孙婧昊, 施潇潇, 等, 2006. 一种用于文本聚类的改进的 K 均值算法. 计算机应用, 26（s1）: 73-75.

沈东军, 2008. 组织智慧: 21 世纪企业盛衰的秘密. 北京: 商务印书馆.

施巍松, 孙辉, 曹杰, 等, 2017. 边缘计算: 万物互联时代新型计算模型. 计算机研究与发展, 54（5）: 907-924.

施巍松, 张星洲, 王一帆, 等, 2019. 边缘计算: 现状与展望. 计算机研究与发展, 56（1）: 69-89.

石剑飞, 闫怀志, 牛占云, 2008. 基于凝聚的层次聚类算法的改进. 北京理工大学学报, 28（1）: 66-69.

舒娜, 刘波, 林伟伟, 等, 2019. 分布式机器学习平台与算法综述. 计算机科学, 46（3）: 9-18.

斯蒂芬·P. 罗宾斯, 玛丽·库尔特, 2017. 管理学. 13 版. 刘刚, 程熙镕, 梁晗, 译. 北京: 中国人民大学出版社.

孙大为, 张广艳, 郑纬民, 2014. 大数据流式计算: 关键技术及系统实例. 软件学报, 25（4）: 839-862.

孙韶辉, 高秋彬, 杜滢, 等, 2018. 第 5 代移动通信系统的设计与标准化进展. 北京邮电大学学报, 41（5）: 26-43.

唐·R. 汉森, 玛丽安·M. 莫文, 2008. 管理会计. 8 版. 英文影印版. 北京: 北京大学出版社.

维克托·迈尔-舍恩伯格, 肯尼斯·库克耶, 2013. 大数据时代: 生活、工作与思维的大变革. 盛杨燕, 周涛, 译. 杭州: 浙江人民出版社.

魏江, 严进, 2006. 管理沟通: 成功管理的基石. 北京: 机械工业出版社.

吴吉义, 平玲娣, 潘雪增, 等, 2009. 云计算: 从概念到平台. 电信科学, 25（12）: 23-30.

武佳薇, 李雄飞, 孙涛, 等, 2010. 邻域平衡密度聚类算法. 计算机研究与发展, 47（6）: 1044-1052.

邢以群, 2019. 管理学. 5 版. 杭州: 浙江大学出版社.

徐国华, 张德, 赵平, 1998. 管理学. 北京: 清华大学出版社.

许谨良, 2011. 风险管理. 4 版. 北京: 中国金融出版社.

延志伟, 耿光刚, 李洪涛, 等, 2017. DNS 根服务体系的发展研究. 网络与信息安全学报, 3（3）: 1-12.

杨伟, 2018. 分布式数据存储方法与抗毁性研究. 西安: 西安电子科技大学.

杨忠, 2013. 组织行为学: 中国文化视角. 3 版. 南京: 南京大学出版社.

逸凡, 于晓娟, 2010. 苏宁管理模式全集. 武汉: 武汉大学出版社.

于灯灯, 2017. 紫罗兰家纺转身直销再出发. 知识经济（中国直销）, （9）: 71-73.

詹姆斯·P. 沃麦克, 丹尼尔·T. 琼斯, 丹尼尔·鲁斯, 2015. 改变世界的机器. 余锋, 张冬, 陶建刚, 等, 译. 北京: 机械工业出版社.

张建勋, 古志民, 郑超, 2010. 云计算研究进展综述. 计算机应用研究, 27（2）: 429-433.

张玉利, 2017. 创新与创业基础. 北京: 高等教育出版社.

赵国锋, 陈婧, 韩远兵, 等, 2015. 5G 移动通信网络关键技术综述. 重庆邮电大学学报（自然科学版）, 27（4）: 441-452.

赵亚男, 李皎, 2022. 海尔如何用"黑海战略"，开辟全新战场. （2022-11-22）[2023-10-10]. http://www.360doc.com/content/22/1122/18/49467724_1057100242.shtml.

赵艳丰, 2019. 当"健康险"遇上"大数据". 中国保险报, 2019-03-21（004）.

赵艳丰, 2019. 美国财险业界的大数据应用. 中国保险报, 2019-09-18（004）.

赵梓铭, 刘芳, 蔡志平, 等, 2018. 边缘计算: 平台、应用与挑战. 计算机研究与发展, 55（2）: 327-337.

郑纬民, 2015. 从系统角度审视大数据计算. 大数据, 1（1）: 17-26.

周三多, 1996. 孙子兵法与经营战略. 上海: 复旦大学出版社.

周三多, 陈传明, 刘子馨, 等, 2018. 管理学——原理与方法. 7 版. 上海: 复旦大学出版社.

周三多, 陈传明, 鲁明泓, 等, 2014. 管理学——原理与方法. 5 版. 上海: 复旦大学出版社.

AVERY C, EDUNOV S, KABILJO M, et al, 2015. One trillion edges: Graph processing at Facebook-scale. Proceedings of the VLDB Endowment, 8(12): 1804-1815.

BOYD S, VANDENBERGHE L, 2004. Convex optimization. Cambridge: Cambridge University Press.

LEWIS P S, GOODMAN S H, FANDT P M, 1998. Management: Challenges in the 21st Century. 2nd ed. Illinois: South-Western College Publishing（东北财经大学出版社影印本）.

MALEWICZ G, AUSTERN M H, BIK A J C, et al, 2010. Pregel: A system for large-scale graph processing. Indianapolis: Proceedings of the 2010 ACM SIGMOD International Conference on Management of Data.

NGUYEN C, WANG Y, NGUYEN H N, 2013. Random forest classifier combined with feature selection for breast cancer diagnosis and prognostic. Journal of Biomedical Science and Engineering, 6(5): 551-560.

ROBBINS S P, COULTER M, 2013. Management. 11th ed. Upper Saddle River: Prentice-Hall International, Inc（清华大学出版社影印本）.

XING E P, HO Q, XIE P T, et al, 2016. Strategies and principles of distributed machine learning on big data. Engineering, 2(2): 179-195.

ZHU X W, CHEN W G, ZHENG W M, 2016. Gemini: A computation-centric distributed graph processing system. Savannah: Proceedings of the 12th USENIX Symposium on Operating Systems Design and Implementation.